JN139588

Treasure in Canada: Kanada no Sakae

カナダ日本人移民の子供たち

—東宮殿下御渡欧記念・邦人児童写真帖—

河原典史 編著

Norifumi KAWAHARA

三人社

カナダ日本人移民の子供たち―東宮殿下御渡欧記念・邦人児童写真帖―

目次

カンバーランドを訪ねて

髙木里美（旧姓 角口）

私が立命館大学の河原典史教授とお会いできたのは、今から三年前の二〇一三（平成二五）年である。ある日の熊本日日新聞に河原先生と玉名歴史研究会の西田道世先生、洲崎勝先生の写真入りの記事が載っていた。先生はカナダ移民の研究をされていて、玉名地域に調査に来られたとのことだった。私は、カナダ移民の研究をされている方がいらっしゃるとは思っていなかったので、びっくりした。そして、嬉しくなった。私の父・安次の長兄・角口泰一郎のことを誰かに話を聞いてもらいたかったからだ。

二〇〇五（平成一七）年に私は、私の長兄・安正と二人でカナダ・トロントに住む泰一郎伯父の長女・大竹美代子姉の病気見舞いに行った。その折に大竹周二兄から、泰一郎伯父の筆による「日本移民百年に就て記念するなら準備を」という巻紙に書かれた文書をもらってきていたのだ。これは、泰一郎伯父の形見と思っている。

すぐに西田先生に電話をし、河原先生とお会いする機会をつくっていただいた。先生に伯父の文章と、カナダの角口家一族が集まり、夕食会をした記念写真をお見せした。先生にはとっても喜んでいただき、私も嬉しかった。そして、二〇一五（平成二七）年八月に、バンクーバー島のカンバーランド、つまり泰一郎伯父たちが初めて足を踏み入れた地へ、〝日系の墓〟参りに連れて行ってもらうことになった。

福井県美浜町の今村先生御夫妻と御一緒できたのも、幸せな旅となった。今村正憲先生の大叔父も、カナダ移民だったそうだ。しかし鉄道工夫として働いていた叔父様は、ロジャーズ峠の雪崩事故で、わずか一九才でお亡くなりになったという。このこともお調べになった河原先生とともに、百周忌にあたる二〇一〇年八月に御夫妻は現地での記念行事に参加された。そして、今回は同郷の方々も眠るカンバーランドの旅に同行されたのである。

バンクーバーでは、宿泊させていただいた長野順二様御一家や、バンクーバー日本語学校の先生方、カナダ日系人のお世話を長くやっておられるリチャード八木様や水田治司様にも、多くのお話を聞くことができた。また、カンバーランドの村長さんや記念館の職員の方々にも、心のこもった御案内をしていただいた。きれいに整えられた日系人のお墓には、玉名地域の大野村や睦合《むつあい》村などの地名と、そこに眠る人々の名前がはっきりと読み取れた。なお、私の伯父の墓は戦後に移ったトロント市の墓地にある。

墓参を終えて、日系人居住地跡へ案内してもらった。そこには、今でも住んでおられる人たちの住宅が数軒と、当時の家が崩れて屋根だけ残っているものがあった。まさに、伯父たちの移民百年を見てきた家である。伯父の家はなくなっていたが、配置図を見せてもらったあたりの草むらから、あの優しい伯父が「やあ、里美よく来たね。」と手をあげて出て来てくれるような気がして、胸一杯にこみ上げてくる感動に涙が出そうになった。

ビクトリアの港から列車でカンバーランドまで来た伯父たちは、この地に降り立った。言葉も分からない、馴れない鉱山の仕事や食事、家を建てて家庭を作り、子ども五人を心豊かに育てていくのがどんなに苦労の多かったことか想像できる。しかし、伯父の言葉や文書には苦労は一つも記されていないし、聞いたこともない。特に戦争中の収容所暮らしや、敗戦後トロントに移住してからの苦労話を、もっと沢山聞いておけばよかったと思う。

「一家の長兄が移民に加わるということは、当時はあまり聞かないのだが…」と河原先生がおっしゃっていた。そのことについて、私の父の家のことを考えてみようと思う。私の祖父は角口幸七、祖母はトジュと言い、小作人として農業に従事したり、海で貝などを獲ったりして暮らしていたという。子供は三男三女で、みんなで食べていくだけで精一杯ではなかったかと思う。伯父・泰一郎は長兄だったが、一家を助けるためにカナダ移民に応募したのだと思う。それと、新しい所で思い切り働き、努力して勉強したかったのではないかと思う。二四才での渡航であるから、貧しい鍋村での暮らしから海の向こうの国へ行って希望を見つけたかったのだろう。

私の父は一六才違いだから、その時は八才位だった。父も勉強が好きで成績も良かったそうだから、玉名中学に行きたかったが、親から「小作人に学問はいらん」と言われ、残念で壁一杯に「残念だ」と書いたそうだ。奉公に出された父は、独学で勉強し、巡査の試験に受かり、玉名の東にある山鹿出身の母・中原ヨツオと結婚し、今の韓国に渡っている。長兄・安正が一九三〇（昭和五）年に生まれ、一九三五（昭和一〇）年に三男・慎三が生まれて、次の年には安正兄が学齢に達するからと帰国し、山鹿国民学校に入学させているぐらい教育熱心な母だったらしい。一九三八（昭和一三）年に四男・通博兄が、一九四一（昭和一六）年一月に私が生まれた。そして、一二月八日に戦争が始まった。山鹿地方の「毎日新聞販売店」をしていた父は、戦争に行かずに祖父母を看ていたようだ。一九四五（昭和二〇）年一月に、弟・邦夫が生まれた。空襲が山鹿にも来そうだったが、たいしたこともなく過ぎていった。母は産後の病気がだんだんひどくなり、終戦後の九月一一日に亡くなった。四〇才だった。戦争に敗けたことと母の死で、父は気が抜けたように仏様の前に座りこみ、仕事も手放してしまった。子供たちの教育費にと貯えていた金も、すぐになくなった。

一九四七（昭和二二）年に山鹿小学校に入学、次の年の八月には急に玉名小学校に転校した私。父が連帯保証人になったために、山鹿の家を取られたのだった。そこは、有明海で塩作りをしていた父の二番目の兄の丸太小屋だった。伯父・末雄も旧満州からの引き揚げ者で、そこで一九四七（昭和二二）年に亡くなっていた。父は新聞配達員をしたり、海で貝を獲ったり、冬は海苔を少し作ったりしていたが、収入が少なくいつも貧しかった。私たち兄妹は、みんな修学旅行にも行けなかった。

しかし、私が大学に進学したいと言った時、父は「塩なめてでもやらなんたい」と行かせてくれた。奨学金とアルバイトで学費をまかない、教職の仕事に就けた時は父も喜んでくれたし、嬉しかった。

一方、カナダでは、一九三四（昭和九）年に玉名から泰一郎伯父のもとに嫁いだ伯母・本田繁《シゲ》が四一才で亡くなっていた。伯父の長男・泰治が一九才、長女・美代子が一五才の時だったようだ。泰一郎伯父もまた、父と同じく五人の子供たちを育てるためにいろいろな苦労をしたことだろう。河原先生が、移住をして成功した人たちは、奥さんが賢くて教育熱心な人が多い…とおっしゃっていたことがあったが、伯母亡き後、伯父も子供たちも頑張ったのだと思う。

いろいろな仕事をして、泰治兄は、トロントにある日系文化会館で理事をし、日本とカナダとの交流に努めたことにより叙勲を受けている。妻の静子姉も、生花の指導者として日本文化を広め、毎年一回は来日し、研修していた。私が結婚した時も、ちょうど来日していて、玉名に来て参列してくれた。とっても優しい人だった。美代子姉も小学校の先生をしていて、エンジニアをしていた夫の周二兄と仲良く、同じ介護つきのホームに入り、最後まで一緒に九〇才を越えるまで長生きした。三男一女の子どもたちのうち、娘のケイ・モンロウとは一年前の正月に会えて嬉しかった。

戦後の私の少女時代に、なつかしい思い出がある。それは、毎年といってよいくらい、クリスマスの時期にカナダから一つの小包が泰一郎伯父から送られてきたことだ。中には厚いラシャのオーバーコートや、従姉妹たちのワンピースなどが入っていた。その他に、赤や緑のビーンズが入った洋酒入りのフルーツケーキが銀紙に包まれて入っていた。父がもったいなさそうに一センチ位ずつ切って食べさせてくれたが、そのおいしかったこと…。ほっぺたが落ちそうだった。また、一〇ドルのお金も送ってくれたのだ。忘れもしない一ドル・三六〇円だったから、三六〇〇円位のお金でわが家はおもちがつけて、お正月が迎えられたのだった。泰一郎伯父がそんなに裕福ではなかっただろうに、一〇ドル送金してくれたことは大変だったろう。来日の折「安さん、安さん」と、父のことが大好きだった泰一郎伯父のことを思い出させてもらった、今回のカンバーランドの旅だった。

一九七九（昭和五四）年一〇月一一日に伯父・泰一郎が亡くなり、翌一九八〇（昭和五五）年二月一六日に私の父・安次が亡くなった。九六才と八〇才だった。伯父は八〇才から九〇才の間に三度ほど約一年ずつ来日して、弟を育ててくれた従姉・吉永サカエの家に滞在していた。優しくて料理上手の従姉は、泰一郎伯父と私の父を大事にもてなしてくれた。伯父も父も、人生の最後は幸せだったと思う。

私は今、角口泰一郎伯父を通して、こんなにも多くの方々と出会うことができ、本当に心から感謝の気持ちで一杯である。

二〇一六年一〇月

玉名にて

Then, the book, *Treasure in Canada: Kanada no Sakae,* is reprinted by the great effort of Kawahara-sensei.
That is a splendid thing and I am more than happy.
We can look back the history because of the book. We can learn ties between Vancouver and Japan.
Through our classes, teaches enable student study about Japan.
This one book becomes the bridge between the past and the present.

In these days, lesson scene at class room is changing. Less teaches use black board, and students often use their electrical devices such as tablets. They think deeper by tapping their fingers.
However, the origin of study is having a book on your hand. Imagine scenes from words and reading engraved meaning between sentences empower the cogitative faculty. It should be a pleasure to study as turning pages one by one.

We can see historical scenes clearly by turning pages of *Treasure in Canada: Kanada no Sakae.*
We may hear voices of our great ancestors. And we can go back to the old days that we did not know until we have this book. The creation of our future should begin from here.

This new reprinted book should have never gone again, and it would be one of precious assets of our Japanese school.

December 2016
Canada Vancouver Japanese School
Kunihiko NAITO

Treasure in Canada: Kanada no Sakae
Commemoration of Visiting to Europe of Hirohito
Photo Album of Japanese Canadian's Children

— my appreciation for reprinting —

I wonder···Where did that book go?

I think it was on this book shelf.

That was probably in the staff room, and it was a purple covered old but a stately book.

That precious book engraves history of this Japanese school which was founded over a hundred years ago. But the book was gone somewhere···.

You can find many book collections at the laboratory of the Japanese school.

There are fragile books as if their pages are going to be apart even if you just turn the pages.

Some books must have never been touched over decades.

But if you open one of those books, you can feel the history and the tradition of the Japanese school with reality because of its old scent and dust.

Our library displays precious assets on the bookshelf.

I wonder···Where did that book go?

The library at University of British Columbia did not have the book.

I could not find the book at library of the Japanese Heritage Centre.

And I searched all over the Japanese school library again, but all of my efforts proved in vain.

Nobody knew where the book was.

names, and their day of birth under their photos. We noticed that they went out to Cumberland, Ocean Falls and some other places and then took photos for their commemoration of Japanese children in full dress beside well-arranged chairs and tables. In contrast, we noticed that other photos also contain the children's family.

We attached the data base of the children' names, their fathers' names and their birth places to this photo album. We listed them in Japanese syllabary order in this data base to make them easier to find. In addition to that, we made an alphabetical list in English for those who are unable to read Japanese. And you can also find the maps which show where they lived. This book helps people to trace Japanese-origin Canadian family history.

Norifumi KAWAHARA

Summary of *Treasure in Canada: Kanada no Sakae*

In 1921, His Imperial Highness Crown Prince Hirohito visited five European countries: England, France, Belgium, Holland and Italy. In commemoration of his visit to Europe, a photo album of second-generation Japanese Canadians was made in Vancouver in May 1921. It was entitled "Kanada no Sakae" with the subtitles: "Commemoration of Visiting to Europe of Hirohito" and "Photo Album of *Japanese Canadian* Children".

The photo album was published by Sato Jimusho, Hiroshimaya Ryokan in Vancouver. The epigraphs and introduction were written by Shibusawa Eiichi, a Japanese business tycoon, and Sakatani Yoshiro and Soeda Juichi, members of the House of Peers, who all strongly agreed with the Japanese government's immigration policy. The title "Kanada no Sakae" was given by Shibusawa in order to pray for the Japanese families' prosperity in Canada. Although Canada restricted immigration intake at that time, this photo album was expected to use the Crown Prince's visit to Europe as an opportunity to show the success of the *Japanese Canadians* and to contribute to the development of the Japanese immigrant community.

Sato Mohei, the editor and the publisher of the photo album, organized a group of visitors to Japan (December 1920 to March 1921) who were actively involved with the publishing project. In advance of their departure, advertisements about the photo album had been published in the Japanese-language newspaper "Tairiku Nippo" starting September 1920, and it had been accepting purchase reservations as well as photo session participants for the photo album. They went on repeated photography trips to Cumberland, Port Haney, Port Hammond and Ocean Falls. The photographers were Arikado Yataro who was from Fukuoka Prefecture and had run a photo shop in Vancouver, and Fujiwara Shuzo who was from Okayama Prefecture. Personal photos were also accepted. Photos that had not been submitted before their departure to Japan were collected by Fujiwara and mailed to Yokohama.

Oe Futoshi, who printed the photo album, became interested in woodblock engravings and photographic technology and therefore studied the art of the Western woodblock engraving. In 1894 he founded his new company of prepress printing in Tokyo. He hired some Western engineers and actually went to European countries to study. After that experience, he achieved the first trichromatic color printing in Japan.

"Photo Album of Japanese Canadian's Children" contains the photos of 545 children from 259 families. It notes their fathers' name, birthplace, their

第Ⅰ部

『東宮殿下御渡欧記念　金田之栄―邦人児童写真帖―』

復刻版

凡例

復刻にあたって NIKKEI NATIONAL MUSEUM & CULTURAL CENTRE（全日系カナダ博物館）所蔵の原本を使用しました。記して感謝申し上げます。

原本ではカラーの表紙や見返しを含め、すべて墨色で印刷しています。
一部原本には書き込みがありましたが、消去しました。

原本のサイズはB5判よりも少し大きく、写真の飾り枠はカラーで印刷されています。復刻に際して、できるだけ鮮明に仕上げるため、写真と飾り枠とキャプションを別々にデータ処理し、元の頁構成に戻すという工程を経ました。写真の大きさやキャプションの位置などに若干の変更を加え、原本のノンブルは近似した書体で入力し直しています。

本書『カナダ日本人移民の子供たち』の通しノンブルは、復刻部分の各頁の下部に表示していますが、煩雑さを避けるために、柱は省略しました。

東宮殿下

御渡欧記念

全四之巻

邦人兒童寫眞帖

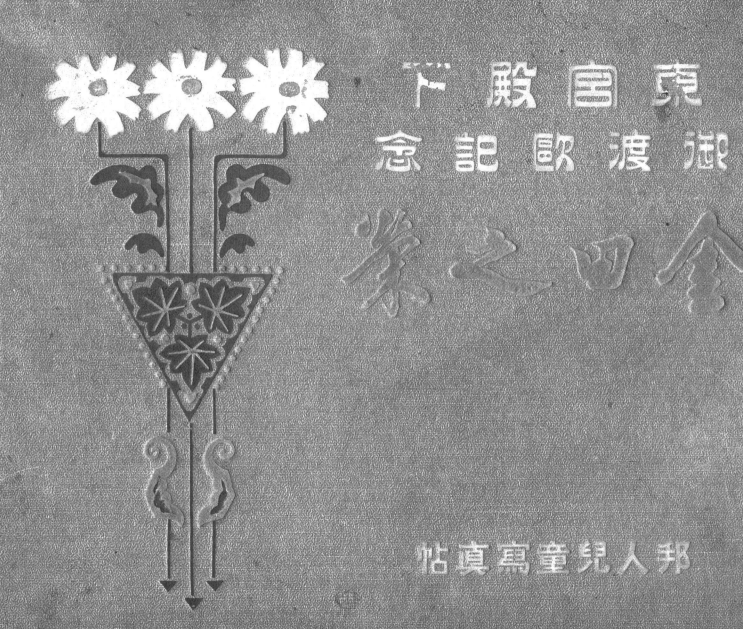

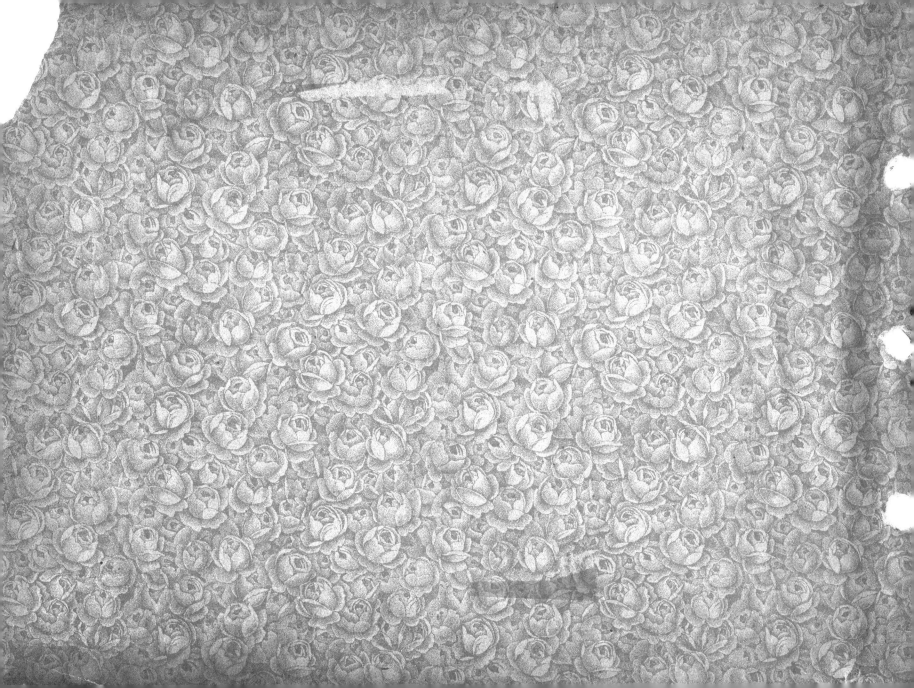

金田之業
辛酉四月
青淵老人書

九十七翁

晩香坡生レ日本人児童写真帖序

北米加奈太晩香坡市在住者佐藤茂平氏一日友人添田寿一君ト今ニ余ニ同市生レ日本人児童写真帖ヲ示シ之レ序スル言ヲ求メラル。往年余欧洲ヨリ帰途同市ヲ過キル佐藤氏ト一面識アリ。而シテ添田君ハ北米移民ノ発達ニ就テ熱心ノ尽力者ナリ。夫レ晩香坡市附近ニ於ル日本移民ハ種々ノ生産業ニ従事ス。就中漁業ニ成功セル者最モ多シ。余甚ダ状況ヲ視察スルニ至テ秩序ヲ重ンジ品行ヲ慎ミ勤勉ニシテ善ク土地ノ風俗ニ同化スルコトヲ力メタリ。故ニ白色人トノ関係頗ル円満ニシテ北米他ノ地方ニ於ルカ如キ排斥ノ声ヲ聞カス。是レ最初移住セラレタル諸氏ノ行動極テ賢明ニシテ而シテ後ヨリ来レル移民諸氏亦善ク先輩ノ模範ヲ継承セラレタルニ由ラスンハアラス。今此写真帖ニ載スル所ノ多数児童ハ純然タル加奈太産ノ日本人種ニ属ス。則チ加奈太人ナリ。是レ実ニ大和民族ノ海外発展ナリ。余ハ将来益此種ノ加奈太人ノ大ニ増殖シテ世界ノ文明ニ貢献シ其ノ間重要ナル人物ノ出現シ以テ加奈太ノ歴史ニ光輝ヲ加フルモノアルニ到ランコトヲ熱望ニ堪ヘス。世ニ所謂ユル子宝トハ蓋シ此等児童ヲ称スルナラン。記シテ以テ佐藤氏ニ答ヘ併テ添田君ニ問フ両君果シテ莞爾トシテ領スルヤ否ヤ

大正十一年三月

芳水 阪谷芳郎 識

榛原製

緒　言

我が日本民族が初めて加奈陀に移住しましてから　最早や四十年隨分長い歴史を綴りました時には實に苦しい經驗も嘗めましたが併し一年は一年より向上し發展して水に陸に日本人の事業は益々盛大に赴き　加奈陀の產業其他社會各方面に對する貢獻は決して鮮少ではありません

在留同胞の今日は　往年移住の初期とは大いに趣きを異にし　漸やく定住して家庭を成す者甚だ多く逐年出生の增加は我が民族の將來に取りて最も偉大なる勢力の一であります

昔から「子寶」と云ふ諺がありますが子供は一家の貴き寶であるやうに　民族の繁榮も亦子孫に依りて維持され又更に增進されるのであります　殊に雲外の新天地を開拓しやうとする　民族の運命に取りて一層痛切に感じられます

加奈陀に於て年々出生する兒女は幾百を以て數へられませうが可憐の兒女は生れながら　其の小さき双肩に雄偉の使命と未解決の難案の數々を荷ふて居ります　此の重大なる意味より　年少の後繼者を深く愛育し又行末を考慮せなければなりません

這回不遜を顧みず　邦人兒童寫眞帖の編纂を企てし處江湖の御同情を辱うし　豫想以上の好成績を擧げることができました　時恰も母國に於ては畏くも　皇太子殿下　歐洲御見學の途に上ぼらせ給ひ　只今萬里の洋上に在らせられ　七千萬の臣民は齊しく　旦夕　殿下の御安泰を祈り奉る次第でありますが　此の曠古の御壯圖を紀念しつゝ　茲に本書を刊行するを得るは　誠に欣幸至極に存じ　各位の御好意を感謝します

大正十年四月

編者識

凡例

一、本書は大方の御子様方を漏れなく網羅する希望でありましたが遺憾ながら時日なきため御話落もありましたことは御宥恕を願ひます

一、寫眞説明の生年月日や現住所等は精々正確を期しましたが一部不明の分は已むなく其儘に掲載しました

一、寫眞の順序は全く不同で到着順　原籍地　體裁等を斟酌して配置しました

一、寫眞は日本製あり　外國製あり　古きもあり　新しきもあり　大小あり　鮮明の異同ありて　引延ばし修正等苦心しましたが尚不充分の點あるは御諒察を願ひます

一、表紙「金田之榮」なる文字は澁澤翁の書にして加奈陀を特に金田と書せられしは古語「金《カナ》田《ダ》之《ノ》榮《サカエ》」或は「天《アメ》之《ノ》益《マス》人《ヒト》」に因み日本民族の蕃殖を祝する意なり

編者識

No. 1

金田之榮

目次

目次

No. 2

⦿加奈陀 ビーシー州オーション フオールス

No. 3

目次

◉加奈陀　ビーシー州ヴイクトリア市

◉加奈陀　ビーシー州イーバン　アクミ　キヤナリー

◉加奈陀　ビーシー州テラノーバー

◉加奈陀　ビーシー州カンバーランド

目　次

No. 4

目　　次

目　次

No. 6

目次終

皇太子殿下

淳《アツノ》宮《ミヤ》雍《ヤス》仁《ヒト》親王殿下

第二皇子

高松宮宣《ノブ》仁《ヒト》親王殿下

第三皇子

澄《スミノ》宮《ミヤ》崇《タカ》仁《ヒト》親王殿下

第四皇子

皇太子殿下東京御鹿島發御光景

皇太子殿下御渡歐横濱港御鹿島立御光景

御召艦 香取

在晩香坡帝國領事　浮田郷次氏

英領加奈陀　ブリチシユ、コロンビア州　カンバーランド市

コモックス區　國民學校

晩香坡　共立國民學校

加奈陀 ビーシー州晩香坡市西第十三街二・一七・六

井手　律

長女

長男

佐賀縣 佐賀郡東川副町大字德富

加奈陀　ビーシー州晩香坡市　西第三街二四七六

山　本　一　郎

長男　利一郎　大正三年十一月七日生
長女　節　子　大正二年十月二日生

新潟縣　佐渡郡新町三五五番地

加奈陀　ビーシー州晩香坡市第拾街一二四五

下高原幸藏

長男　信一　大正七年三月五日生
次男　襄　大正九年八月十七日生

鹿兒島縣　指宿郡指宿村拾二町

加奈陀 ビーシー州晩香坡市ランスダウン街三二五

古谷長十郎

長女 靜子 大正四年二月廿八日生

二女 玉江 大正八年七月五日生

山口縣 大島郡沖家室村

加奈陀 ビーシー州晩香坡市アレキサンダー街一四一〇

中鶴修

長男 詮夫 大正六年一月一日生

長女 俊子 大正七年六月三十日生

大分縣 大分市勢家町

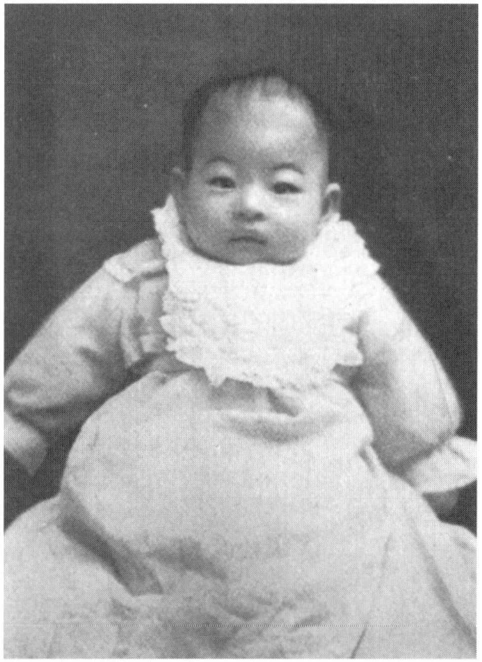

加奈陀 ビーシー州晩香坡市メイン街二二五

岩　崎　健　造

長女　富　枝　大正九年七月一日生

靜岡縣　安倍郡不二見村大字駒越

加奈陀 ビーシー州晩香坡市パウエル街七五六

堀　内　貞　廣

長男　禧　廣　大正七年九月三十日生

長女　メリー　大正九年一月二日生

山梨縣　南都留郡大石村

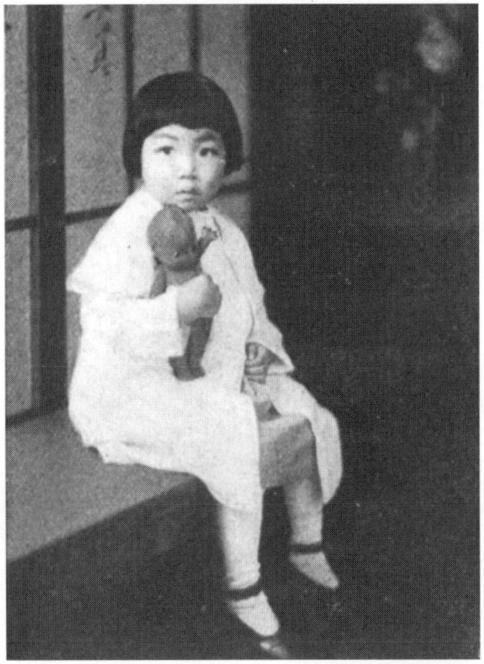

加奈陀　ビーシー州晩香坡市メイン街二〇六

宮崎治郎兵衛

長女　喜久江　大正六年十一月十日生

福岡縣　糸島郡深江村大字片山

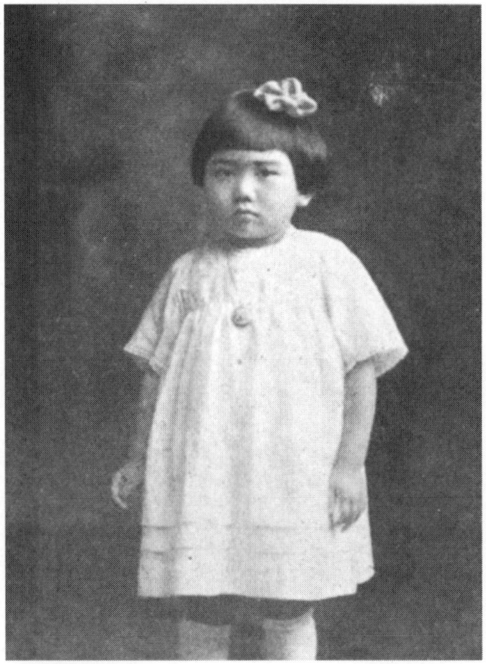

加奈陀　ビーシー州晩香坡市ッオーター街三〇

井口源左衛門

長女　賢子　大正五年四月生

次女　英代　大正九年五月二十日生

東京市日本橋區坂本町三〇

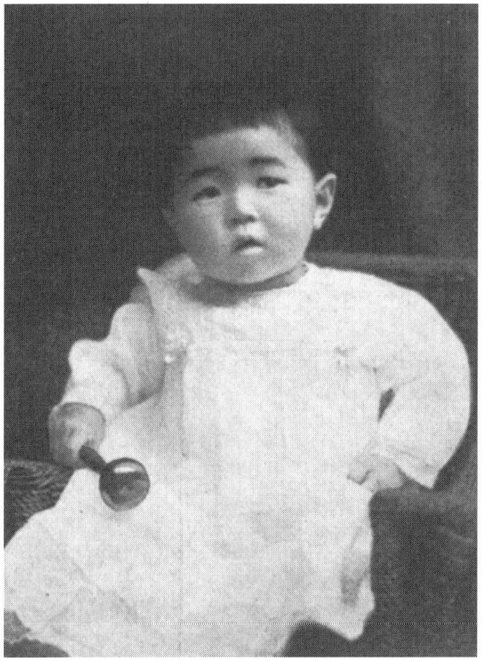

加奈陀ビーシー州晩香坡市ダフリン街一七三

飯持俊吉

長女 タセ子 大正八年七月七日生

神奈川縣 足柄上郡櫻井村曾比

加奈陀 ビーシー州晩香坡市メイン街二三三

村木静夫

長女 縫子 大正七年九月十一日生

岡山縣吉備郡總社町大字井尻野

加奈陀 ビーシー州晩香坡市ゴーア街一三九

信　夫　三　郎

長男　英　一　大正七年九月廿六日生

宮城縣 登米郡石森町七九

加奈陀 ビーシー州晩香坡市パウエル街二三〇

關根豊次郎

長男 鍾一 大正五年九月十日生

長女 惠美子 大正八年九月廿一日生

神奈川縣 高座郡藤澤町宿庭

加奈陀 ビーシー州晩香坡市東カドバ街七八六

中山義一

長男 一馬 大正五年九月廿一日生

廣島縣 甲奴郡吉野村

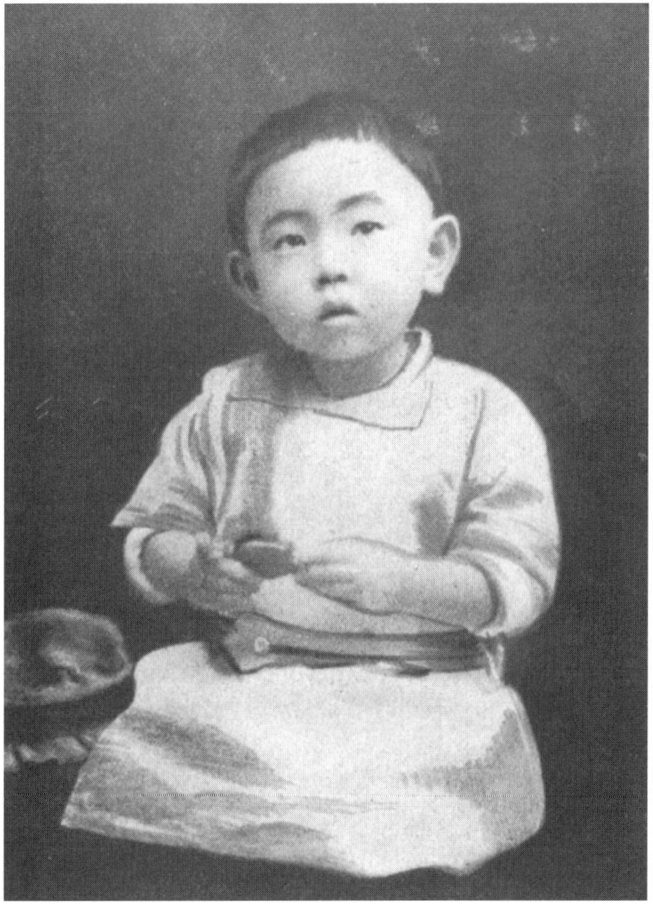

加奈陀　ビーシー州晩香坡市パウエル街二五〇

鎌田安雄

長女　智惠子　大正八年七月廿二日生

福岡縣　糸島郡小富士村大字御床

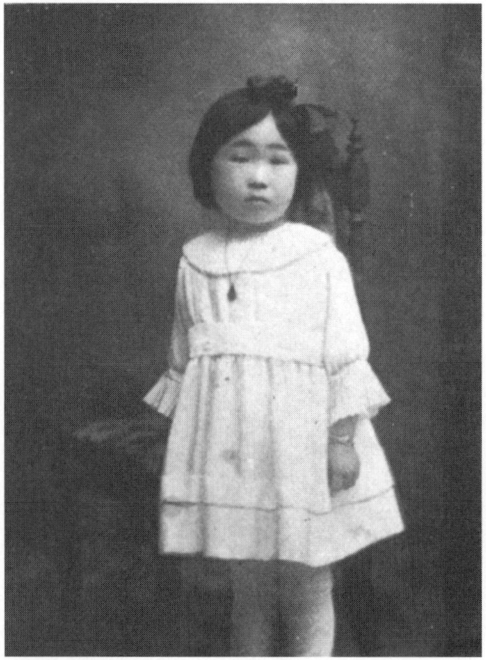

加奈陀　ビーシー州晩香坡市パウエル街三九一

近　藤　福　松

長女　金　美　大正五年七月廿五日生

愛媛縣　新居郡高津村大字字高

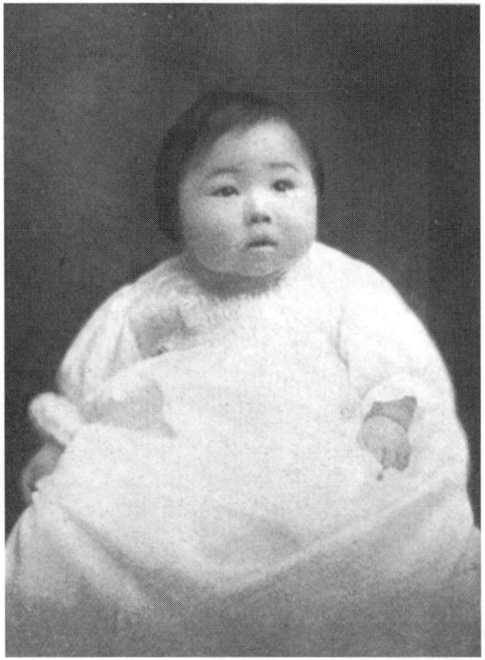

仝

次女　忠　子　大正九年七月七日生

加奈陀 ビーシー州晩香坡市パウエル街二三五

木 原 長 次

長女 クメ
次女 春枝
三女 久枝

熊本縣 飽託郡河内村大字河内

加奈陀 ビーシー州晩香坡市パウエル街六三六

福 島 庄 三 郎

長男 大正三年十一月一日生
次男 大正五年七年一日生
次女 大正七年二月一日生

福井縣 今立郡片上村吉谷

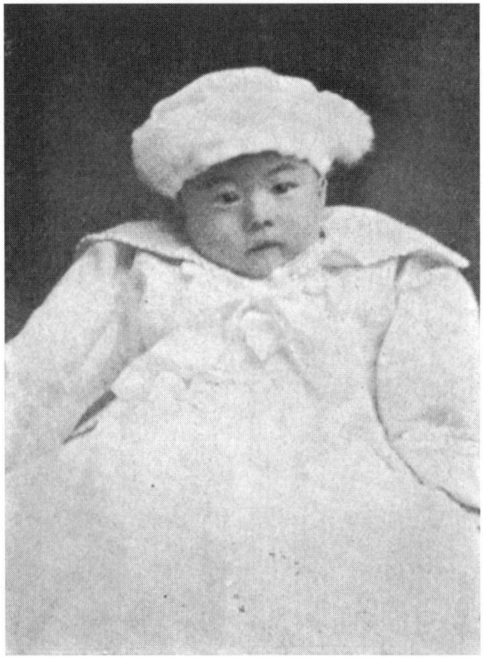

加奈陀 ビーシー州晩香坡市パウエル街二三一

隆田房吉

長男 文雄 大正九年七月十七日生

廣島縣 安佐郡安村中村中津八五三

加奈陀ビーシー州晩香坡市パウエレ街一六五

大畑柳市

長男 登 大正四年十二月十三日生

長女 正子 大正元年八月一日生

廣島縣 富田郡可愛村大字中馬

加奈陀ビーシー州晩香坡市カドバ街九

矢野清親

長女　富　大正六年八月十二日生

次女　臣江　大正八年六月廿四日生

愛媛縣　西宇和郡日土村大字榎野

加奈陀　ビーシー州晩香坡市パウエル街三七八

澁谷　その

長男　清　明治四十四年二月十九日生

横濱市　不老町一丁目

加奈陀 ビーシー州晩香坡市アレキサンダー街三五四

白石數市

長女 キミ子 明治四十三年五月十日生

愛媛縣 溫泉郡

加奈陀 ビーシー州 イーバーン パンクーバー キヤナリー

原　田　力　造

長女　喜代子　大正三年二月十二日生
二女　里　子　大正七年七月十六日生

福岡縣　三池郡三池港三里

加奈陀　ビーシー州晩香坡市ゴーア街一二四

重松森吉

長男　朴　明治四十二年九月廿一日生
次男　親男　明治四十三年十一月十六日生
三男　幸利　大正四年七月生

福岡縣　三井郡大堰村大字三川

右ニ仝

四男　義弘　大正九年四月六日生

長女　澄子　大正七年三月廿八日生

加奈陀　ビーシー州晩香坡市アレキサンダー街三六二

田　端　力　松

三女　英　子　大正五年十二月生

大阪市　南區天王寺北河堀町二四二五

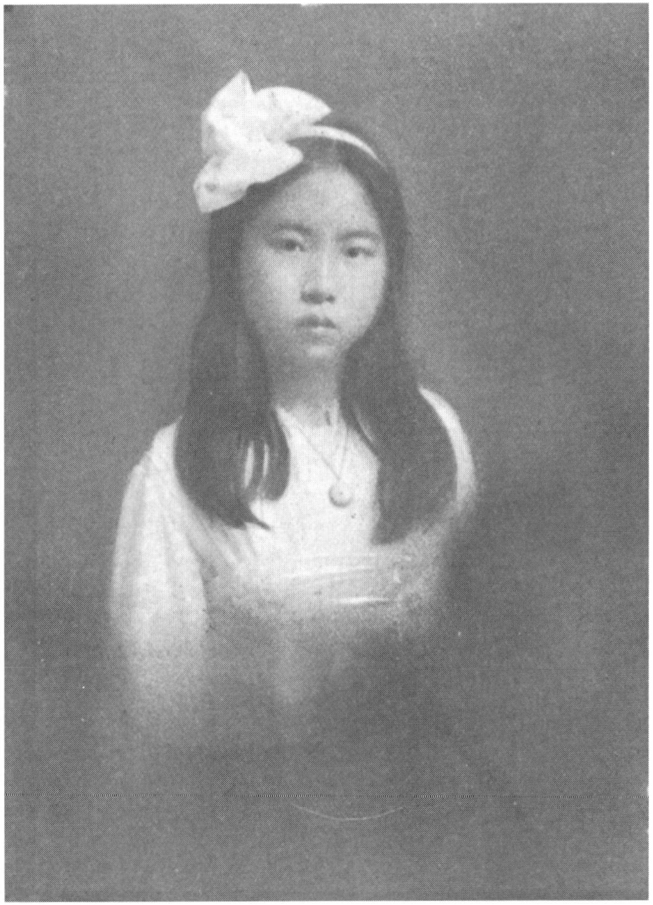

加奈陀 ビーシー州晩香坡市アレキサンダー街三六二

若野長之助

長女 佐代子 明治四十三年一月一日生

和歌山縣 日高郡松原村大字吉原

加奈陀　ビーシー州晩香城市パウエル街二四二

永田兼一

長男　兼雄　大正五年十二月十二日生
次男　操　大正七年十二月廿五日生

鹿兒島縣　肝屬郡垂水村大字本城

加奈陀　ビーシー州イーバン　アクミ　キヤナリー

小柳作松

長女　鈴美　大正五年六月八日生
長男　亘　大正九年九月十二日生

福岡縣　三池郡三川町大字三里

加奈陀ビーシー州晩香坡市アレキサンダー街五三八

井　上　徳　市

長男　一　美　大正七年十二月九日生

廣島縣　安佐郡三入村大字下町屋

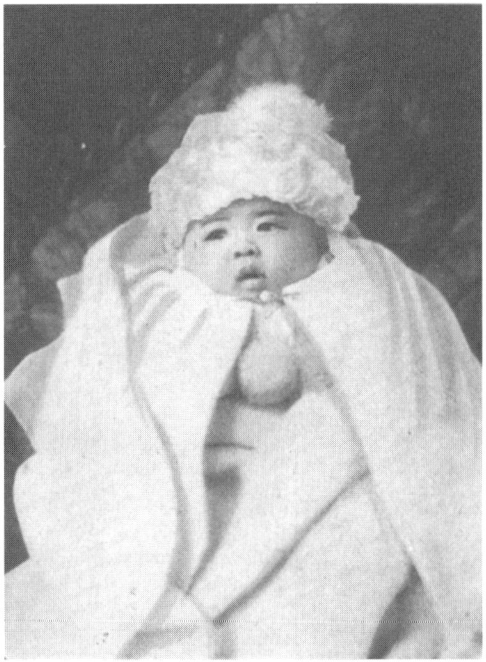

仝

長女　英美子　大正九年九月二十日生

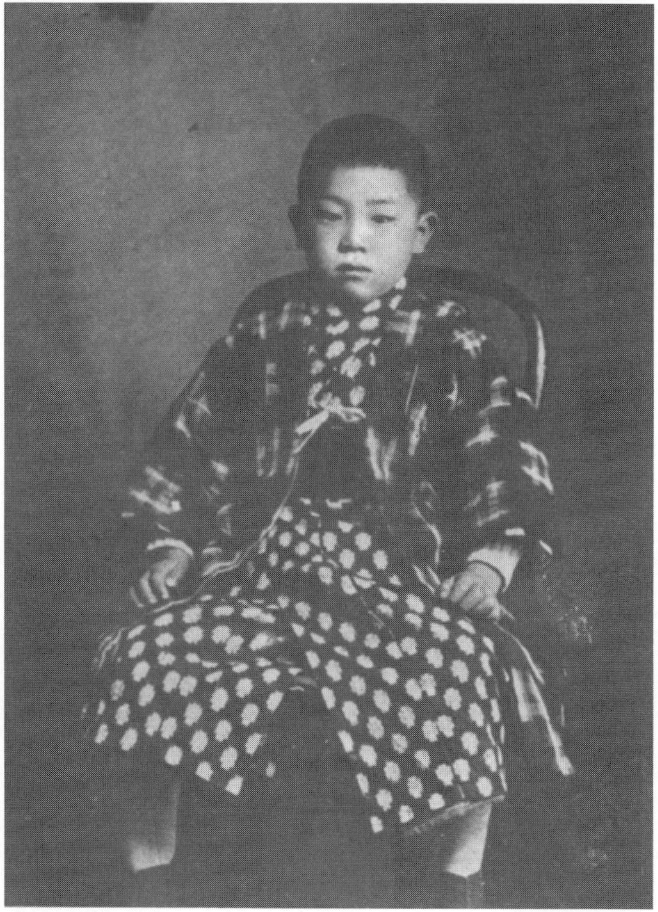

加奈陀ビーシー州晩香坡市パウエル街二二八

小　川　寅　藏

長男　潔

和歌山縣　有田郡湯淺町大字新屋敷

加奈陀　ビーシー州晩香坡市パウエル街一二二

西村源七

長女　はつ江　大正八年七月十一日生

滋賀縣　犬上郡北青柳村大字大藪

加奈陀　ビーシー州晩香坡市パウエル街三九六

高　橋　菊　助

次男　義　雄
五女　春　子
三男　條　治

靜岡縣　賀茂郡南上村大字下小野

加奈陀　ビーシー州晩香坡市アレキサンダー街四三三

砂　田　直　太　郎

長女　綾　子　大正三年七月十九日生
長男　賢　一　大正四年八月十六日生
二女　秀　子　大正八年二月廿八日生

廣島縣　安佐郡鈴張村

加奈陀　ビーシー州晩香坡市ランスダウン街一五二

村　田　九　助

三女　末　子　明治四十四年十月一日生

山口縣　大島郡家室西方村小積

仝

次女　ミチエ　明治四十一年七月廿三日生

加奈陀　ビーシー州晩香坡市パウエル街一二二

西村源之助

長女　文子　明治三十五年一月十日生
次女　ヤエノ　明治三十六年二月廿八日生
次男　貫一　明治四十年十二月廿二日生
四男　源吾

滋賀縣　犬上郡北青柳村大字大藪

加奈陀 ビーシー州晩香坡市東カドバ街三七街

花　月　榮　吉

前列向テ右ヨリ長男　甫　大正七年十一月十五日生
四女　孝子　大正九年二月廿七日生
長女　英子　大正元年十月二十日生
後列向テ右ヨリ二女　榮子　大正四年十一月十九日生
三女　君代　大正六年五月七日生

和歌山縣 日高郡湯川村大字財部

加奈陀　ビーシー州イーバン晩香坡キヤナリー

山　本　虎　一

長女　笑　子　大正九年六月十七日生

和歌山縣　西牟婁郡日置村

加奈陀ビーシー州晩香坡市メイン街三三五

北　川　松　次

長男　寄　夫　大正七年四月廿二日生
長女　和　子　大正九年十一月廿一日生

廣島縣　佐伯郡平良村

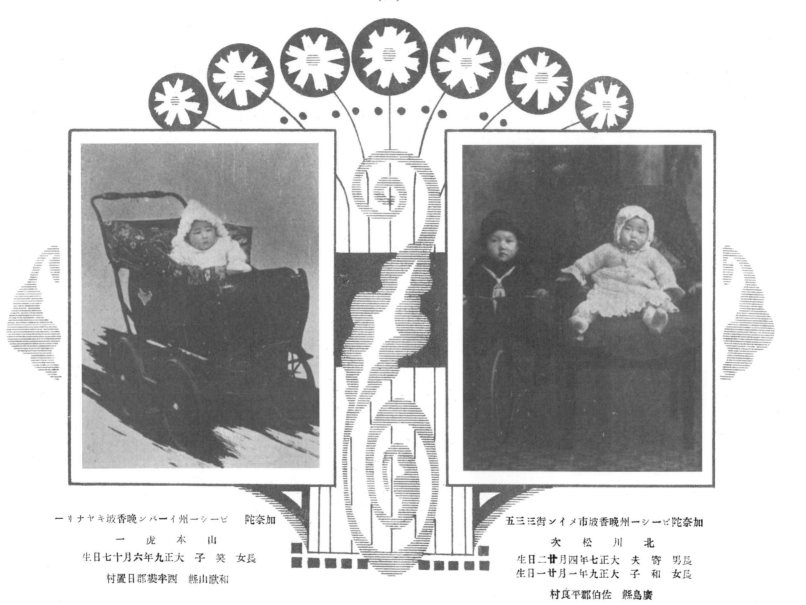

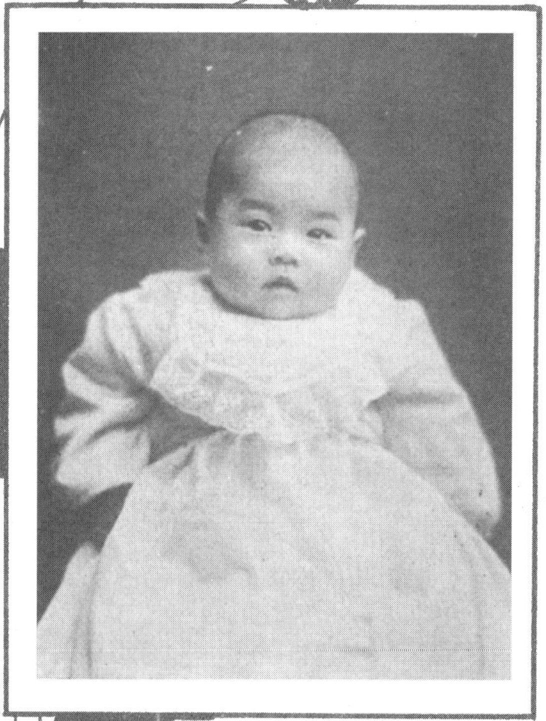

加奈陀 ビーシー州晩香坡市アレキサンダー街六六六
大淵市藏
長男 正敏 大正九年七月七日生
福岡縣 八女郡矢部村大字矢部

加奈陀 ビーシー州晩香坡市パウエル街一三二半
鈴木周藏
長女 喜美代 大正五年五月一日生
神奈川縣 鎌倉郡川口村

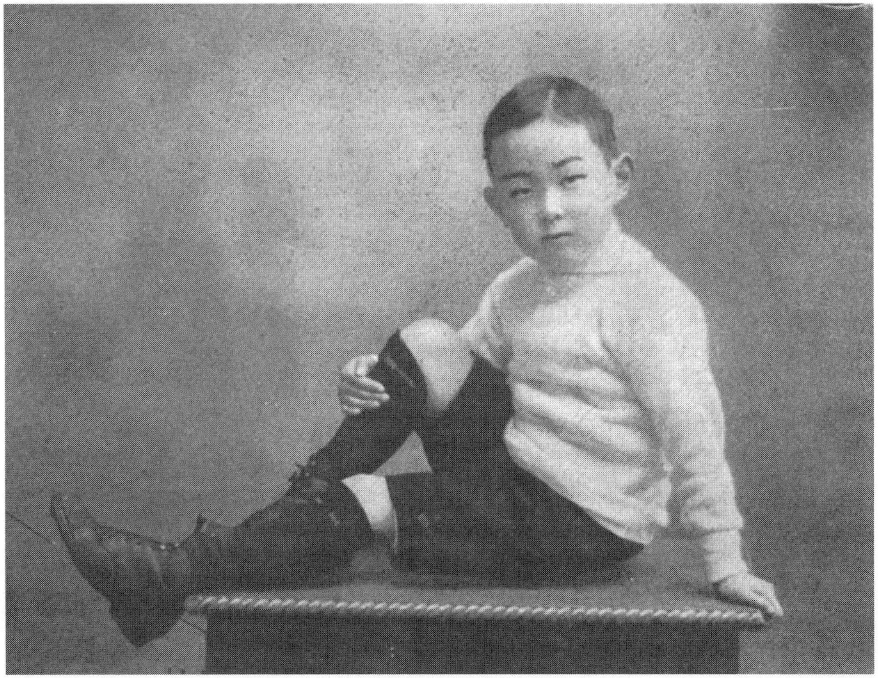

加奈陀 ビーシー州晩香坡市パウエル街二二九

野田為次郎

長男 為雄 大正四年七月二十日生

和歌山縣 日高郡御坊町

加奈陀　ビーシー州晩香坡市東カドバ街三三二

小　柳　佐　市　郎

長女　　トシ子　　大正四年三月四日生
次男　　伊佐男　　大正六年九月四日生
次女　　久　代　　大正八年十月八日生

福岡縣　三池郡三川町大字三里

加奈陀 ビーシー州晩香坡市パウエル街三二四半

藤原藤太

長男 秀雄 大正元年十一月三日生
次男 民雄 大正七年十月十六日生
三男 進 大正九年二月廿六日生

愛媛縣 越智郡波止濱町

加奈陀 ビーシー州晩香坡市アレキサンダー街四一四

杉田又次郎

長女 文子 明治四十三年十一月卅一日生
次女 まさ江 大正元年十二月十五日生

神奈川縣 足柄上郡松田町

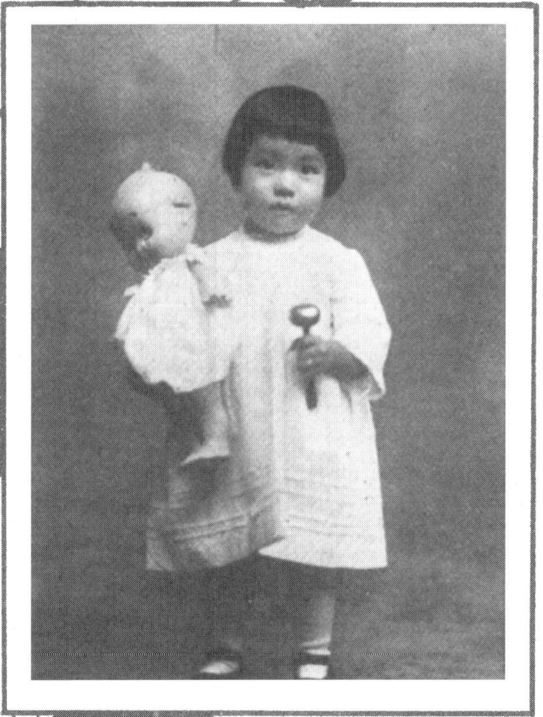

加奈陀 ピーシー州晩香坡市パウエル街五三七

天野静一

二女 千代子 大正八年六月十八日生

廣島縣 沼隈郡山手村大字矢田

加奈陀 ピーシー州晩香坡市パウエル街三五六

新谷太藏

長女 初子 大正八年九月八日生

宮崎縣 南那珂郡市木村字子持田

加奈陀　ビーシー州晩香坡市東カドバ街四七二

外　川　猪　之　助

長男　寅　男　大正三年二月廿二日生
二男　實　大正四年一月十八日生
長女　久　子　大正五年七月廿二日生
二女　春　野　大正八年二月廿二日生

和歌山縣　日高郡比井崎村大字小浦

加奈陀　ビーシー州晩香坡市西カドバ街六三

北　川　惣　兵　衛

四男　宗四郎　大正三年八月十一日生
五男　五十二　大正七年六月十二日生
長女　キミエ　大正九年八月卅一日生

滋賀縣　犬上郡福滿村大字小泉

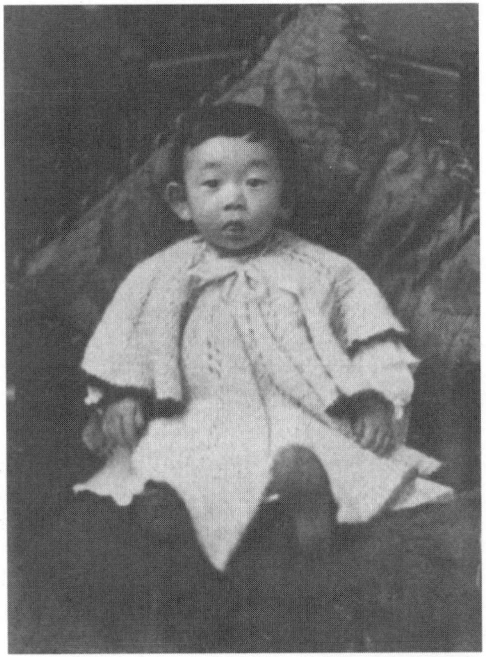

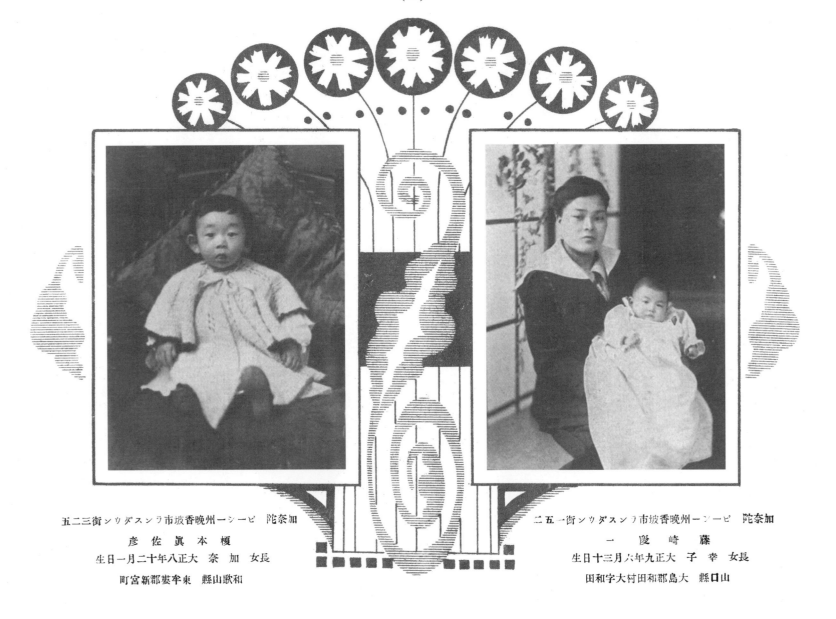

加奈陀 ビーシー州晩香坡市ランスダウン街三二五
榎本眞佐彦
長女 加奈 大正八年十二月一日生
和歌山縣 東牟婁郡新宮町

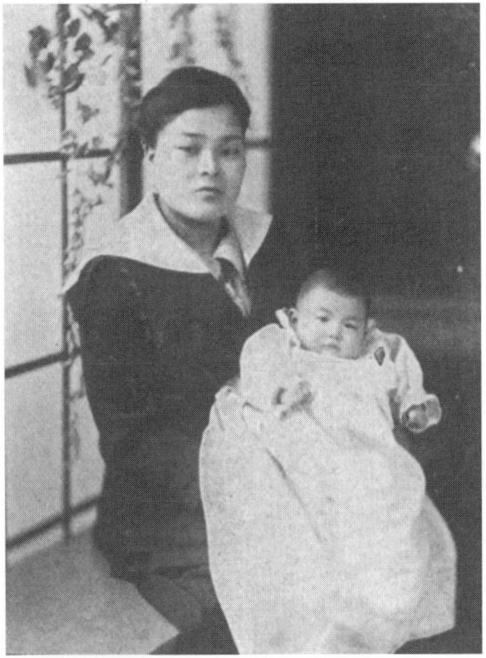

加奈陀 ビーシー州晩香坡市ランスダウン街一五二
藤崎慶一
長女 幸子 大正九年六月三十日生
山口縣 大島郡和田村大字和田

加奈陀ビーシー州晩香坡市ランスダウン街一

藤本富藏

長女　清子　大正二年十月廿三日生

山口縣　大島郡和田村

右ニ仝

長男　茂夫　大正六年十一月廿五日生

次女　豐子　大正九年五月十八日生

加奈陀 ビーシー州晩香坡市パウエル街三九一

大池 鶴市

長女 惠美子 大正三年九月十四日生
次女 辰子 大正五年二月十五日生
三女 信代 大正七年四月十五日生

福岡縣 築上郡築城村大字弓ノ師

加奈陀 ビーシー州晩香坡市東カドバ街三三〇

藤 井 宗 八

長男 一 郎 大正五年八月五日生

次男 勇 大正九年二月十八日生

山口縣 熊毛郡田布施町大字波ノ市

加奈陀　ビーシー州晩香坡市アレキサンダー街二三〇

佐　藤　茂　平

次男　茂　明治四十二年四月十三日生
次女　志津子　明治三十八年十一月十七日生
三女　美枝子　大正七年五月廿八日生
孫　文子　大正九年四月五日生

廣島縣　深安郡引野村八六二

加奈陀　ビーシー州晩香坡市ダンレビー街一〇六

井　上　滋　次　郎

次男　政　徳　明治四十一年十二月二日生
長女　久　子　大正九年一月十三日生
三男　政　秀　大正四年五月二十日生
長男　政　衆　明治四十年五月一日生

富山縣　富山市鹿島町六〇

加奈陀　ビーシー州晩香坡市アレキサンダー街一四三三

福　井　彌　十

長女　竹　子　明治四十四年十月九日生
次男　英　三　大正二年五月廿八日生
三男　正　明　大正五年一月十三日生
四男　章　大正六年四月廿五日生
次女　ヤヨヱ　大正九年三月一日生

廣島縣　安佐郡三河村大字古市

加奈陀　ビーシー州晩香坂市東カドバ街三七二

鈴木爲三郎

長男　進　大正八年五月九日生

神奈川縣　鎌倉郡川口村大字片瀬

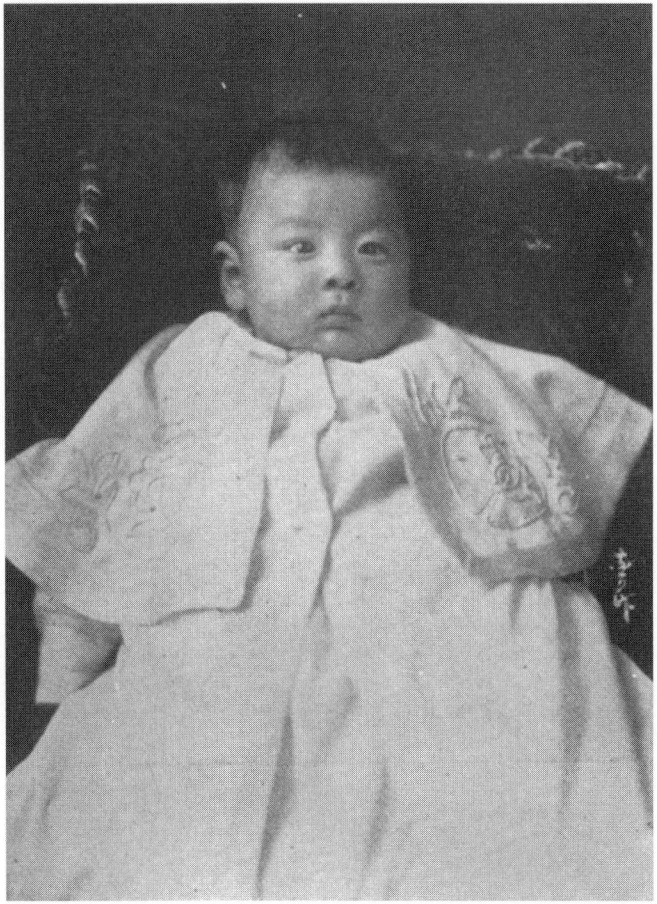

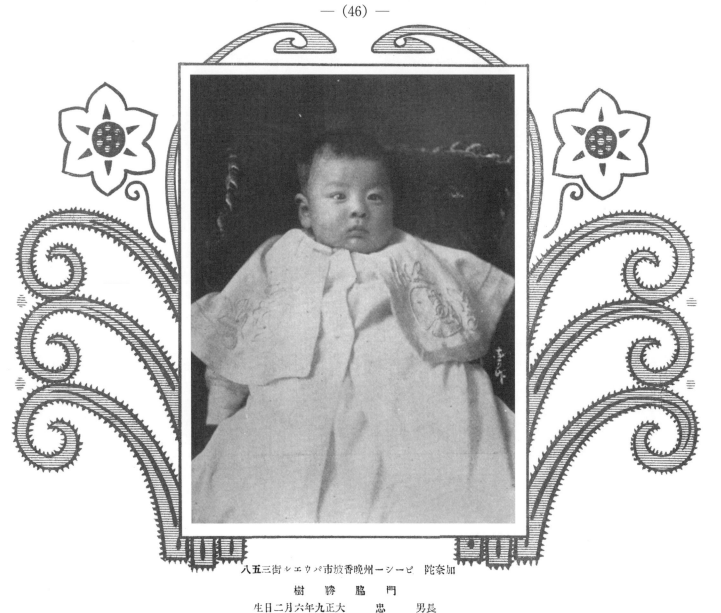

加奈陀　ビーシー州晩香坡市パウエル街三五八

門　脇　勝　樹

長男　忠　大正九年六月二日生

高知縣　吾川郡弘岡下ノ村大字大津

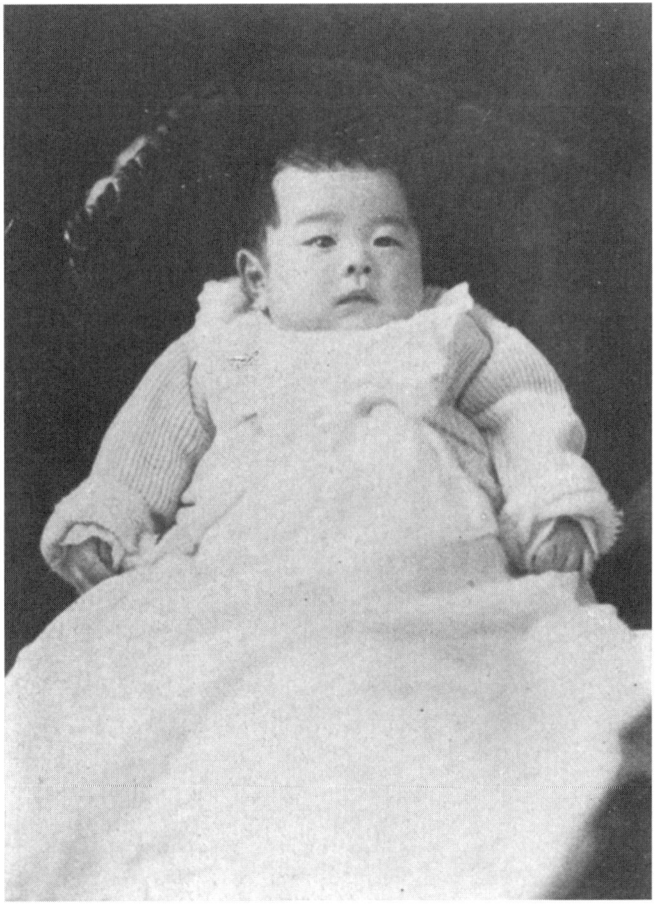

加奈陀　ビーシー州晩香坡市東カドバ街七二九

石　井　醇　一

長男　日出男　大正九年八月五日生

大阪市　西區江戸堀南通一丁目

加奈陀　ビーシー州晩香坡市アレキサンダー街五二二

今　田　兵　市

次男　政雄　明治四十四年二月十五日生
次女　ハルコ　大正六年一月九日生

廣島縣　佐伯郡吾市町

加奈陀　ビーシー州晩香坡市パウエル街三五五

關根ナカ

長女	定枝	明治三十三年二月生
次女	春子	明治三十六年一月生
三女	美代	明治四十一年二月生
四女	芳子	大正元年十二月生
四男	虎之助	大正三年六月生

千葉縣　東葛飾郡木間ヶ瀬村字岡田

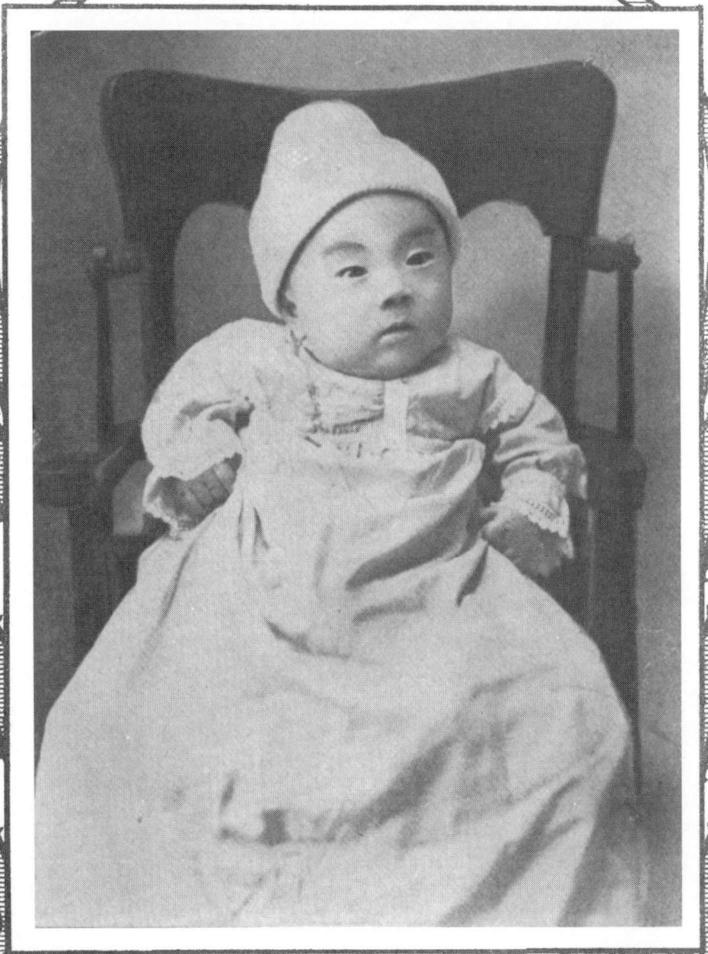

加奈陀　ビーシー州晩香坡市パウエル街三六八

中　村　林　藏

長男　長　生　大正九年四月十四日生

福岡縣　京都郡今川村大字天生田

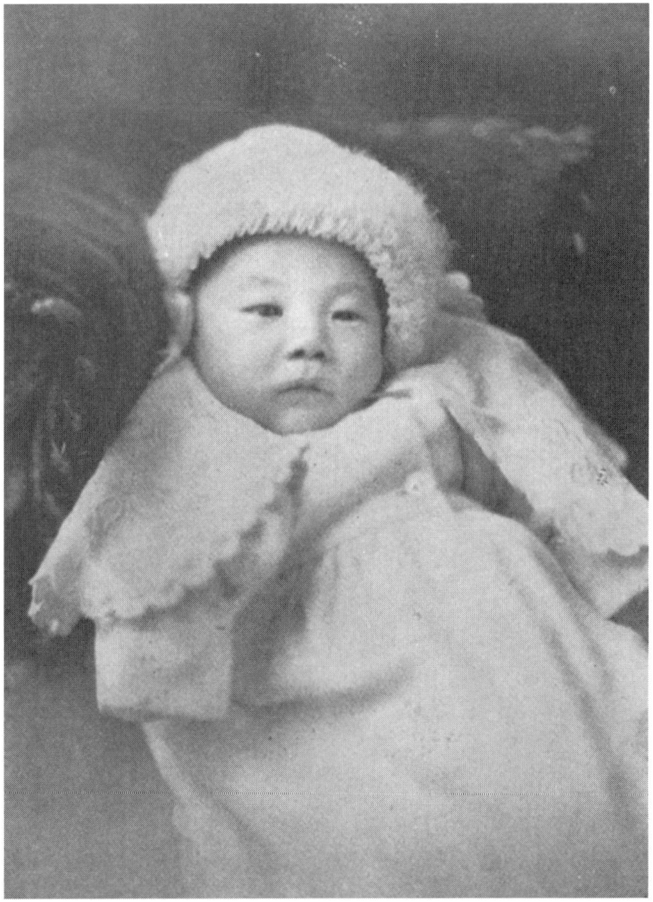

加奈陀　ビーシー州晩香坡市パウエル街二二六

阿部春市

長男　春雄　大正九年九月十一日生

愛媛縣　西宇和郡眞穴村大字眞綱代

加奈陀　ビーシー州晩香坡市パウエル街五七八

齋　藤　幸　平

長女　辰　惠　大正五年六月二日生
次女　二三子　大正六年十二月廿七日生
長男　直　利　大正八年九月廿三日生

東京府下　豊多摩郡淀橋町大字柏木

加奈陀 ビーシー州ベラベラ

橋本 盛之助

長女 ヒラ 大正四年十月生
長男 孝一 大正五年十月生
次男 英海 大正七年十月生

高知縣 吾川郡秋山村大字秋山

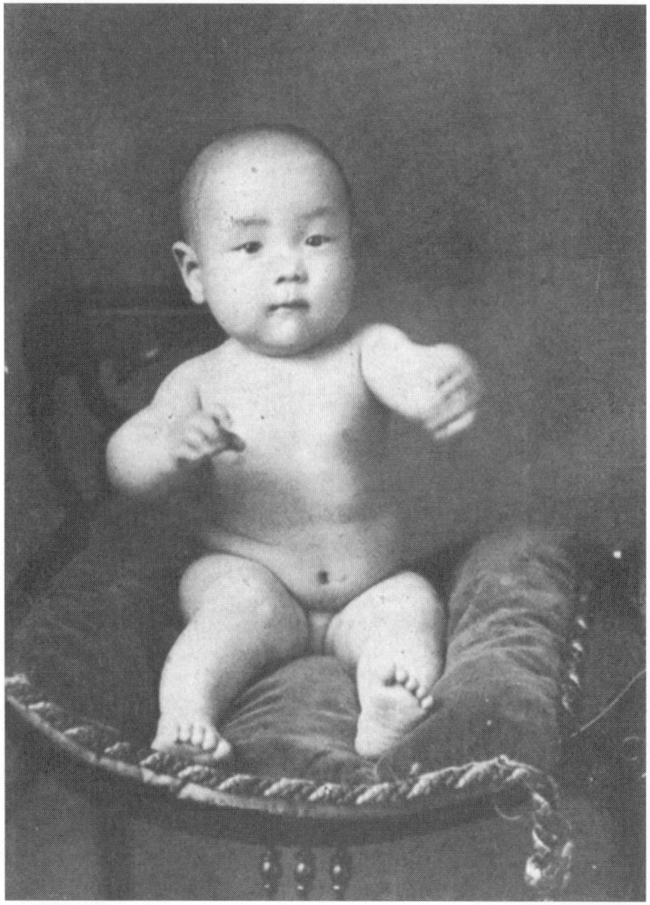

加奈陀　ビーシー州晩香坡市メイン街二二五

田　中　三　郎

長男　定　男　大正八年十月三十日生

山口縣　玖珂郡高森村大柿

加奈陀 ビーシー州晩香坡市パウエル街三六〇

池　田　忠　平

長男　忠　利　大正八年三月十七日生
次男　　高　　大正九年九月十日生

福岡縣　三井郡立石村大字松崎

加奈陀　ビーシー州晩香坡市パウエル街

有門彌太郎

三女　則子　四ヶ月

福岡縣

加奈陀　ビーシー州晩香坡市アレキサンダー街六二〇

土田嘉次郎

長男　敏雄　大正三年十二月十八日生
長女　政子　大正六年一月二十三日生
次女　春子　大正八年二月二十七日生

滋賀縣　犬上郡多賀村土田

加奈陀　ビーシー州晩香坡市パウエル街五八二

上野律一

長女　初美

廣島縣　賀茂郡御園宇村

加奈陀　ビーシー州晩香坡市ランスダウン街一三〇

岡崎增藏

次女　八榮子　大正七年五月一日生

山口縣　大島郡安下庄町字源町

加奈陀 ビーシー州晩香坡市アレキサンダー街三一三

青　木　米　吉

長男　為　雄　明治三十七年四月十日生

神奈川縣　足柄上郡吉田島村

加奈陀 ビーシー州フレサワミール

渡　邊　宇　平

長男　宇　一　大正六年三月十八日生
長女　ツ　ヤ　大正四年三月十三日生

宮城縣　栗原郡岩ヶ崎町

加奈陀　ビーシー州晩香坡市キイフア街五六〇

杉崎惣右衛門

長女　富惠　大正九年二月廿五日生

神奈川縣　中郡吾妻村大字梅澤

加奈陀　ビーシー州晩香坡市パウエル街二一八

喜多川久祐

長男　久春　大正九年四月二十日生

愛媛縣　松山市柳井町八九

加奈陀ビーシー州晩香坡市ランスダウン街三二五

伊藤寅吉

長男　政雄　大正九年八月卅一日生

靜岡縣　安倍郡清水町字仲町

加奈陀ビーシー州晩香坡市ランスダウン街三二五

岩崎留次郎

三男　光彦　大正九年七月八日生
長男　十八男　大正三年三月一日生
次男　次男　大正五年四月二日生

和歌山縣　東牟婁郡下里村

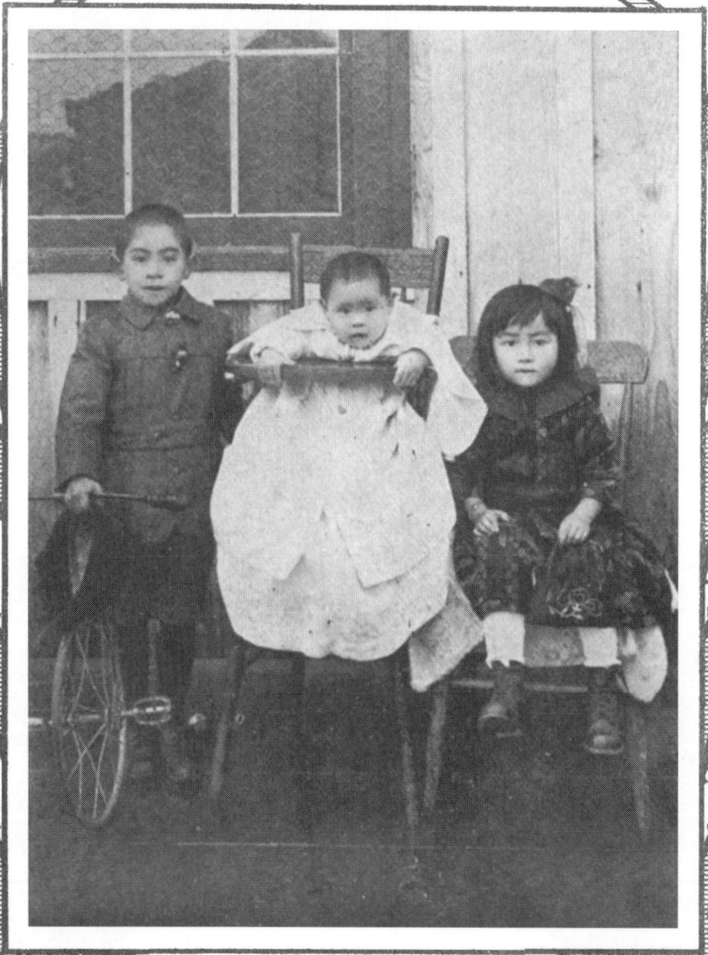

加奈陀　ビーシー州テラノーバー

小　柳　藤　太　郎

次男　行男　次女　一枝　長女　松代

福岡縣　三池郡三川町三里

加奈陀　ビーシー州カンバーランド

渡邊磯太郎

長男　剛　大正六年四月廿四日生
次女　ギン　大正九年四月二十日生
長女　ナチ　大正七年十月十日生

神奈川縣　足柄上郡山田村

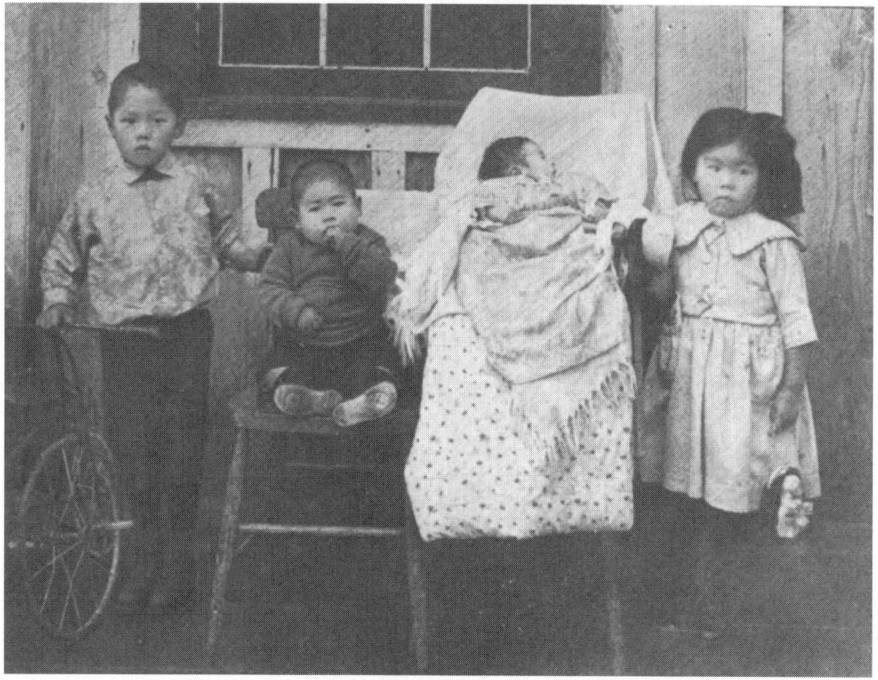

加奈陀ビーシー州テラノーバー　キヤナリー

小　柳　忠　造

次男　忠　利　大正四年八月十三日生
三男　利　誠　大正八年三月　三日生
長女　富　枝　大正五年八月十九日生
四男　利　信　大正九年八月廿六日生

福岡縣　三池郡三川町字三里

加奈陀　ピーシー州カンバーランド第五號地

河　口　幾　太　郎

長男	繁　夫	明治四十二年五月五日生
次男	義　雄	明治四十四年十月卅一日生
三男	武	大正二年九月廿二日生
四男	進	大正四年五月十七日生
五男	博	大正六年十月十九日生
六男	哲　雄	大正八年三月廿六日生

廣島縣　安佐郡深川村大字下深川

加奈陀　ピーシー州晩香坡市東カドバ街七〇

沖　信　小　太　郎

長男　春男　大正八年二月十二日生

廣島縣　廣島市空鞘町

加奈陀　ピーシー州晩香坡市ユーコン街二〇〇〇

益　田　基

長男
次男　（不　明）
三男

大分縣　大分市大分町

加奈陀 ビーシー州晩香坡市アレキサンダー一街二三〇

水本繼松

長女 辰枝 大正五年一月三日生
長男 利夫 大正八年二月十日生

熊本縣 玉名郡花簇村大字日平

加奈陀ビーシー州カンバーランド第五號地

鶴岡政雄

長女 英子 大正七年二月二日生

熊本縣 玉名郡鍋村大字磯鍋

加奈陀　ピーシー州カンバーランド第一號地

宮原末松

長男　一之　明治三十八年七月十三日生
長女　キクエ　明治四十年五月廿九日生
次女　ハツミ　明治四十五年四月十七日生

熊本縣　飽託郡城山村大字半田

加奈陀　ビーシー州コーツネー

芦川助次郎

長女	一江	明治四十三年七月廿五日生
長男	道之助	大正元年九月三日生
次男	茂道	大正四年四月廿九日生
三男	陽之助	大正八年二月八日生

神奈川縣　中郡大野村大字八幡

加奈陀　ビージー州カンバーランド第五號地

廣瀬德次

長男　德夫　大正三年三月十七日生
三男　滿　大正六年十月十九日生
次男　彰　大正四年八月廿四日生

廣島縣　佐伯郡上水内村大字管澤

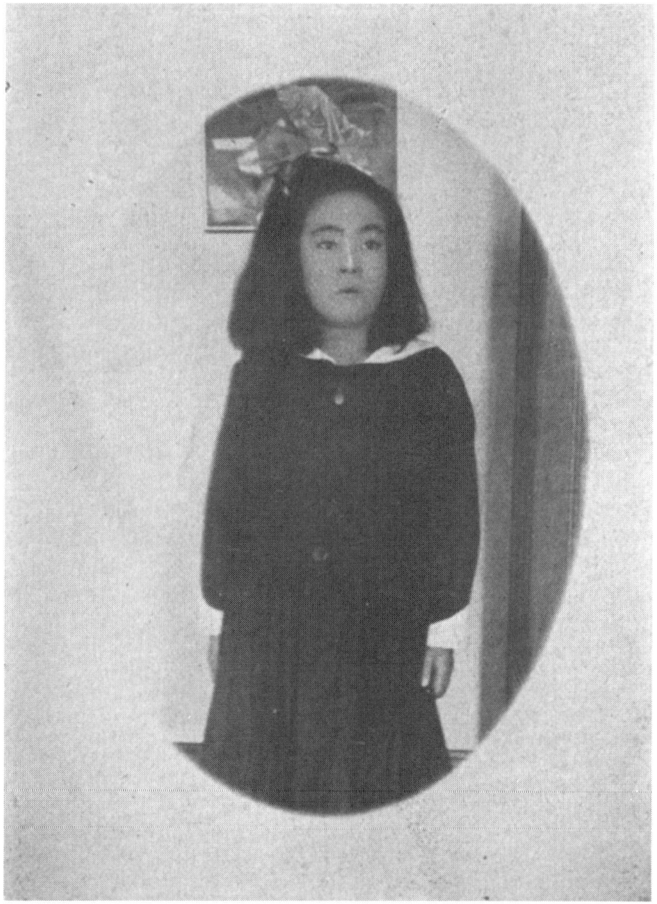

加奈陀　ビーシー州ロイストン

内　山　健　六

長女　律　子　明治四十五年三月二十日生

福岡縣　築上郡椎田町

加奈陀　ビーシー州カンバーランド第五號地

松倉徳太郎

長女　ハツエ　大正二年八月十五日生
次女　ツギノ　大正四年六月廿六日生
三女　ハルコ　大正七年二月廿二日生

熊本縣　玉名郡鍋村大字鍋

加奈陀 ビーシー州カンバーランド第八號地

池 上 又 次 郎

長男 英 和 大正五年七月廿一日生
長女 佐和子 大正八年一月卅一日生
次男 英 弘 大正五年七月廿一日生

熊本縣 玉名郡鍋村大字扇崎

加奈陀　ビーシー州カンバーランド第五號地

家入儀八

長女　光枝　明治三十八年一月生

熊本縣　菊池郡手城村大字古城

加奈陀ビーシー州カンバーランド第一號地

梶　山　市　松

長男　肇　明治三十六年一月廿七日生
次男　利男　明治三十九年九月二十日生

廣島縣　安藝郡海田市町字新町

加奈陀　ビーシー州サンドウイツク

久保田庄次郎

長女　リ　エ　大正八年八月六日生

廣島縣　安藝郡久野村字久保田

加奈陀　ビーシー州カンバーランド第一號地

行　比　紋　平

長女　キヨミ　大正八年十月十三日生

福岡縣　京都郡仲津郡大字松原

加奈陀 ピーシー州カンバーランド第五號地

杉野森増太郎

長女 榮代 明治四十二年三月八日生
次女 房江 明治四十三年九月廿五日生

長男 等 大正元年六月十日生
三女 千代子 大正三年十二月廿五日生

廣島縣 安藝郡府中村大字山田

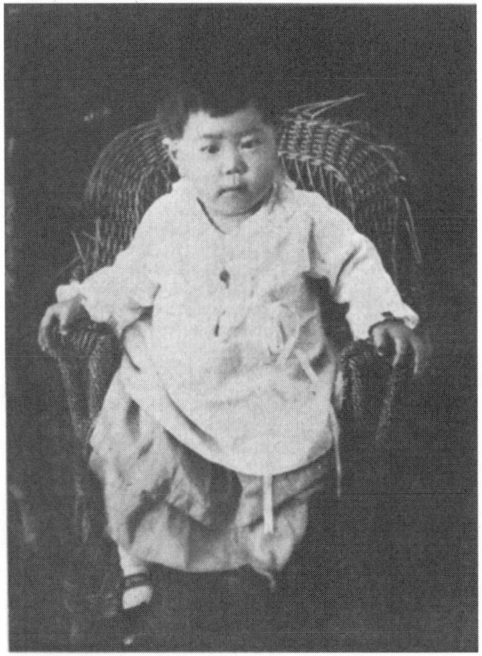

加奈陀 ピーシー州カンバーランド

松淵時太郎

長女 富美子

福岡縣 築上郡築城村大字築城

加奈陀　ビーシー州ロイストン

丸谷伊勢松

長男　幸夫　大正八年十二月三日生
長女　重美　大正五年三月十二日生

愛媛縣　喜多郡長濱町

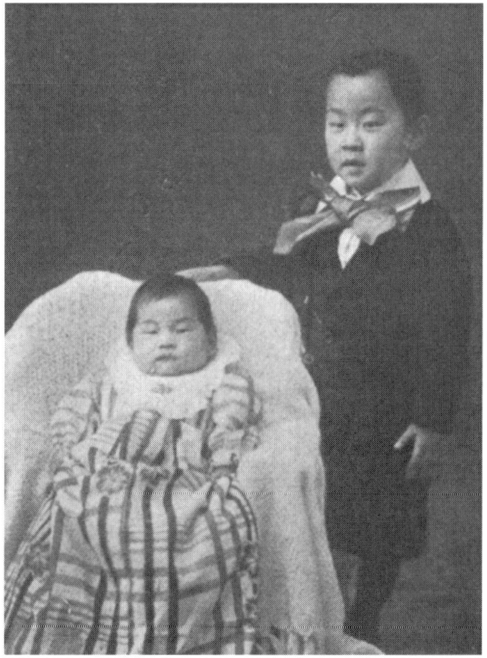

加奈陀　ビーシー州カンバーランド第五號地

池上作太郎

長男　一正　大正六年一月十二日生
次男　正信　大正九年七月廿六日生

熊本縣　玉名郡大野村大字大野下

加奈陀　ビーシー州カンバーランド第五號

西島長久

長女　百合子　大正三年五月廿一日生
次女　八重子　大正六年一月十六日生
三女　京子　大正七年十月一日生
四女　洋子　大正九年九月十三日生

熊本縣　玉名郡睦合村大字上

加奈陀　ビーシー州カンバーランド第五號地

原　田　熊　一

長男　巖　大正八年三月十二日生

長女　昌子　大正六年四月十四日生

廣島縣　佐伯郡宮内村大字畑口

加奈陀　ピーシー州サンドウイツク

伊　藤　房　吉

長男　正　大正元年十一月十日生
長女　トシエ　大正三年二月十日生
次女　二美江　大正四年三月廿五日生
三女　壽美江　大正五年七月二十日生
次男　馨　大正七年四月三日生

廣島縣　安藝正矢野町字大濱

加奈陀 ビーシー州カンバーランド第七號地

坂田滿德

長男 滿幸 大正四年三月十三日生
長女 愛子 大正六年五月二日生
次男 武雄 大正八年十二月廿五日生

熊本縣 宇土郡轟村大字宮庄

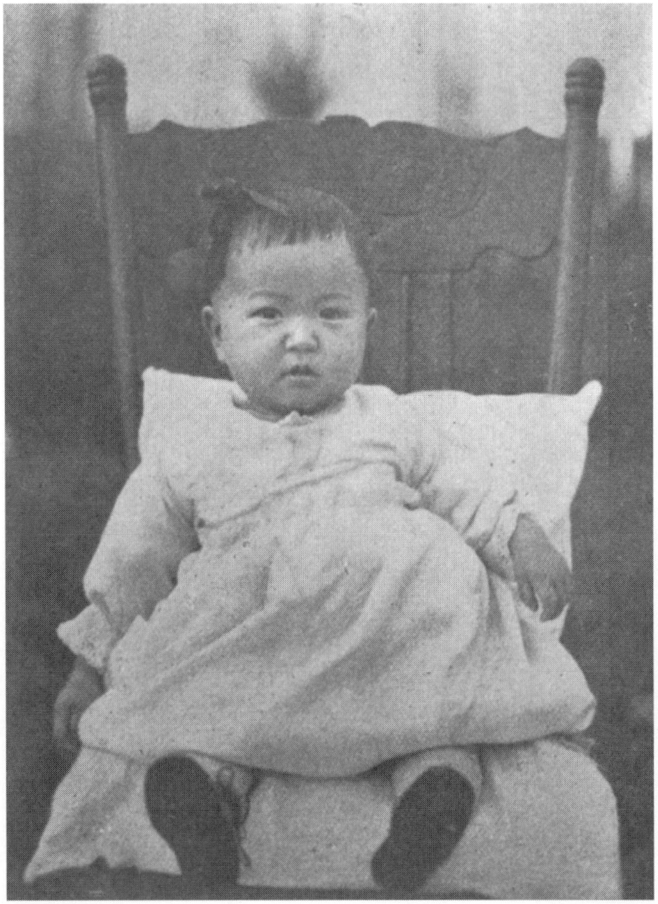

加奈陀　ピーシー州カンバーランド

矢　野　謙　市

長女　豊　子　大正八年十一月十五日生

大分縣　大野郡小野市村木浦鑛山

加奈陀　ビーシー州カンバーランド第六號地

磯　永　秀　吉

長女　美智子　大正六年九月廿九日生

廣島縣　佐伯郡大竹村

加奈陀 ピーシー州カンバーランド第一號地

前田久三

長男 政季 明治三十三年四月廿五日生

大阪市 南區天王寺大道一丁目四〇〇九番地

仝

次男 豊雄 明治三十九年十二月十三日生

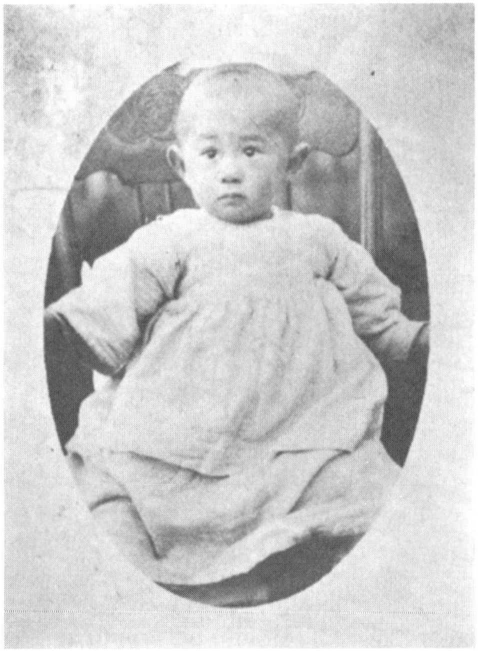

加奈ビーシー州カンバーランド第七號地

宇野徳右衛門

長男 茂夫 大正八年四月八日生

滋賀縣 愛知郡秦川村北蚊野

加奈陀ビーシー州カンバーランド第五號地

曾良吉三

長男 勝 大正三年十二月廿八日生

次男 喜三 大正五年十月廿一日生

廣島縣 佐伯郡小方村大字小方

加奈陀　ビーシー州カンバーランド第五號地

加　藤　寅　助

長男	爵	大正元年四月十日生
次男	義　輝	大正七年四月廿五日生
長女	白　美	大正三年四月廿日生
次女	静　枝	大正九年四月四日生

廣島縣　安藝郡海田市町字新町

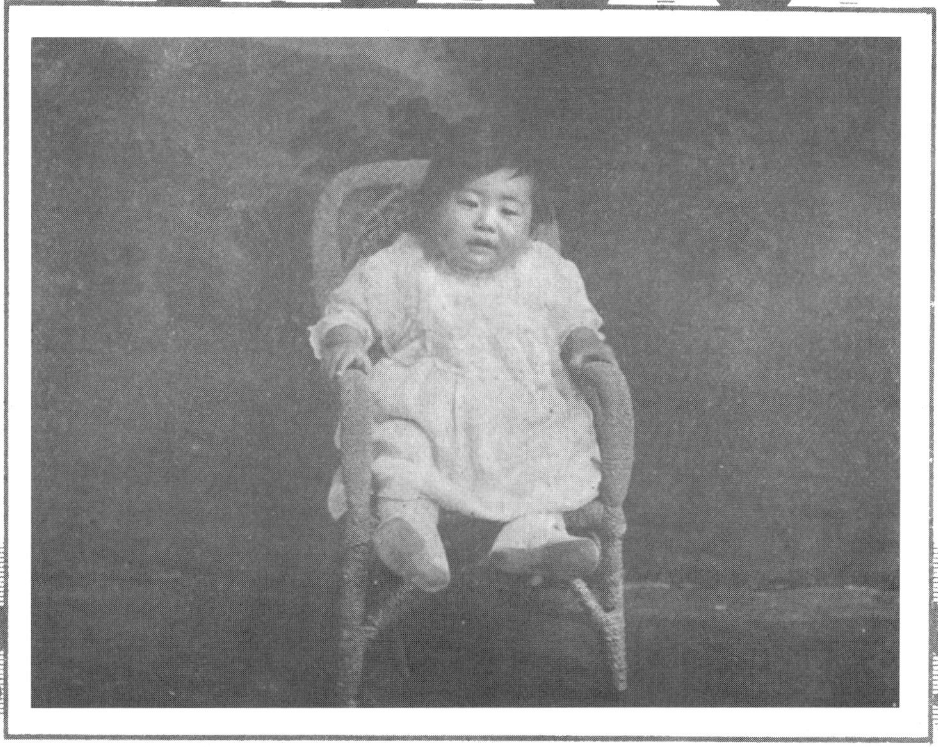

加奈陀 ピーシー州カンバーランド市國民學校

青 木 定 義

長男 哲 夫 大正八年十月十七日生

山梨縣 南巨摩郡萬澤村

家入初次

長男　猛　大正三年十月九日生
長女　賀江　大正六年三月五日生
三男　磨　大正七年五月廿一日生
次男　學　大正五年三月十二日生

熊本縣　菊池郡平眞城村大字古城

加奈陀 ピーシー州コーツネー

辰巳清吉

長女 房江 大正七年四月十二日生
長男 清 大正八年七月十日生

滋賀縣 犬上部龜山村大字清崎

加奈陀　ビーシー州ロイストン

木　村　恒　作

長男　恒　義　大正六年十月廿九日生
長女　よしの　大正八年十二月十日生

熊本縣　玉名郡鍋村大字扇崎

加奈陀 ビーシー州カンバーランド第五號地

角口泰一郎

長男 泰治 大正五年五月廿八日生

長女 美代子 大正九年正月四日生

熊本縣 玉名郡鍋村大字磯鍋

加奈陀 ピーシー州カンバーランド第一號地

松 永 敬 次

長男 靜 夫 大正五年十二月二日生

熊本縣 玉名郡大野村字大野下

加奈陀　ビーシー州コモクス

濱　崎　顯　作

長男　光　行　大正九年三月七日生

廣島縣　佐伯郡小方村

加奈陀 ビーシー州カンバーランド第五號地

中　野　梅　松

長男	昇	明治三十八年二月二十日生
次男	勉	明治四十一年十二月二日生
三男	勇雄	明治四十三年九月十七日生
四女	害子	明治四十年三月十五日生
五女	末響	大正元年十二月二十日生
六女	喜代子	大正四年七月二十六日生

廣島縣 佐伯郡小方村大字小方

加奈陀　ビーシー州カンバーランド第五號地

土井馬太郎

長男　健市　明治三十五年三月十日生
四女　シマヨ　明治三十九年七月三日生
三男　忠　明治四十二年三月一日生
四男　忠雄　明治四十四年三月廿一日生
五女　照子　大正二年四月十五日生

廣島縣　安藝郡海田市町字新町

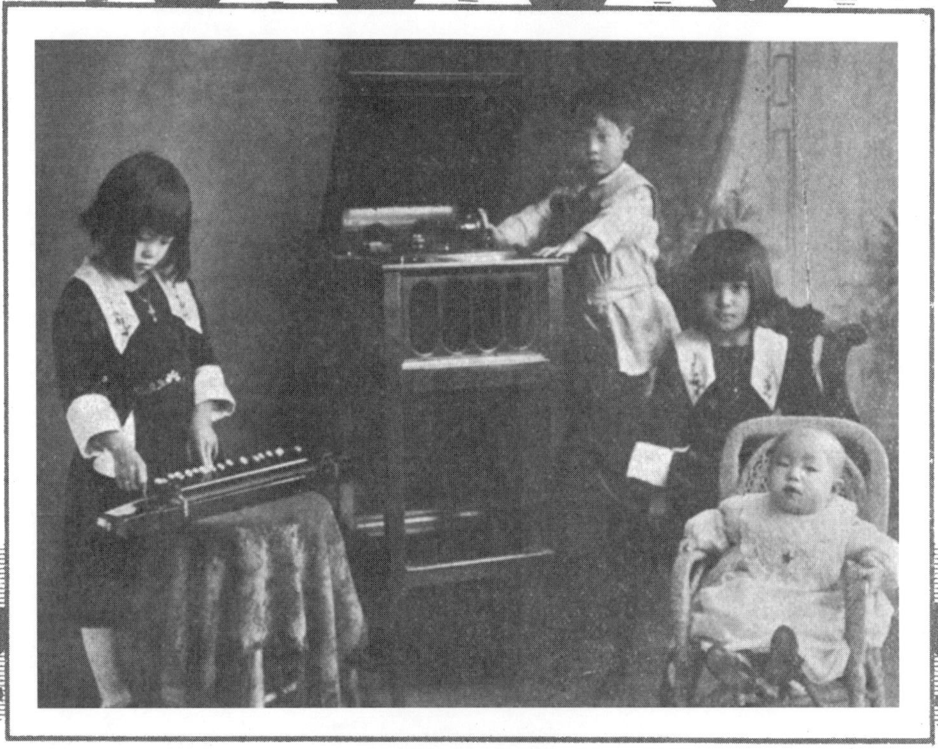

加奈陀　ビーシー州カンバーランド第五號地

米　村　市　平

長女　花　枝　次女　數　枝　三女　綠　長男　馨

熊本縣　玉名郡大野村大字下

加奈陀　ビーシー州カンバーランド第一號地

山崎芳藏

長男　康　大正　年十二月十六日生
長女　初枝　大正七年十月五日生

福岡縣　築城郡葛城村大字越路

加奈陀 ビーシー州カンバーランド第七號地

山本禎造

長女 ミチ子 大正七年九月九日生

熊本縣 鹿本郡嶽間村大字椎持

加奈陀 ビーシー州カンバーランド第一號地

定房平藏

長男 眞米 大正八年九月十四日生

福岡縣 京都郡黑田村字黑田

加奈陀　ビーシー州カンバーランド第一號地

清野時次

長女　キヨ子　大正六年二月十六日生

次男　茂　大正三年十一月廿一日生

熊本縣　玉名郡腹赤村字清源寺

加奈陀　ビーシー州カンバーランド第一號地

奥田嘉作

長男　博　大正三年十一月廿三日生

次男　清　大正五年四月九日生

廣島縣　加茂郡東志和村内

加奈陀　ビーシー州ロイストン　ミール

藤本宅十郎

長男　實　大正八年十一月六日生
長女　菊枝　大正七年十一月五日生

山口縣　玖珂郡新庄村大字大祖

加奈陀　ビーシー州カンバーヲンド第七號地　ビバン（

加奈陀　ビーシー州コーツネー

矢　口　仲　一

長男　茂　大正三年五月生
長女　露子　大正五年九月生
次女　ミツ子　大正七年一月生

廣島縣　佐伯郡水内村和田

加奈陀　ビーシー州ロイストン

建　石　留　彦

長男　　正　彦　　大正五年一月十八日生
次男　　春　彦　　大正七年二月十三日生

和歌山縣　東牟婁郡宇久井村字狗子之川

加奈陀　ピーシー州カンバーランド第七號地

麻　生　富　太　郎

長男　　貞　喜　　明治四十一年八月十三日生
次男　　恒　人　　明治四十三年十一月十四日生

大分縣　大分郡鶴崎町

加奈陀　ビーシー州カンバーランド第七號地

則行延藏

長男　勝　大正八年十一月十四日生
長女　ヒサ　大正七年五月二十五日生

福岡縣　築上郡西角田村上野

加奈陀　ビーシー州カンバーランド第七號地

松　永　松　平

次女　アキエ　大正三年九月十五日生
長男　繼松　大正六年三月十二日生

熊本縣　菊池郡陣內村大字森

加奈陀　ビーシー州カンバーランド第一號地
岩淺松太郎
長男　巽　十歳　次男　次男四歳　六女　眞佐子三歳
廣島縣　賀茂郡東志和村

加奈陀　ビーシー州カンバーランド
岩淺松太郎
三女　繁　十三歳　四女　貞子八歳　五女　一子六歳
廣島縣　賀茂郡東志和村

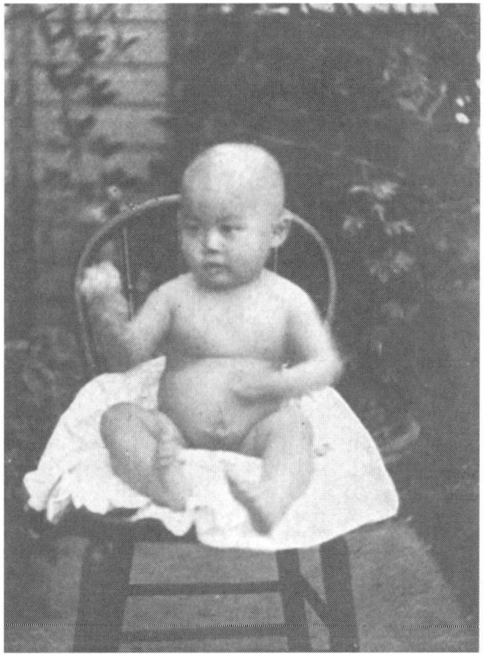

加奈陀　ピーシー州チマイナス

中　島　儀　一

次男　實　大正五年一月二十日生

廣島縣　佐伯郡五日市町

加奈陀　ピーシー州チマイナス

花　野　藤　一

長男　俊　雄　大正六年三月二十日生

廣島縣　佐伯郡地御前村

加奈陀　ビーシー州チマイナス

田ノ上十太郎

長男　重雄　明治四十二年四月廿三日生

熊本縣　飽託郡小島町

加奈陀　ビーシー州ヴイクトリア市ツヨーソン街
五六二

永井光之助

長女　美津枝　大正六年十一月廿九日生

廣島縣　御調郡向島村

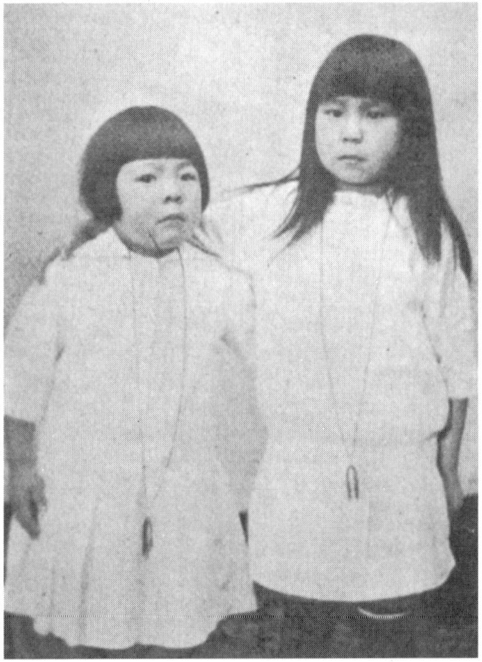

加奈陀 ピーシー州ヴイクトリア市エート街九五一

邊見金吉

長女 英子 大正三年九月六日生

次女 八重子 大正六年十一月十二日生

宮城縣 仙臺市北材木町六十二

加奈陀 ピーシー州ピクトリア市ゴーツパーク

岸田芳次郎

長男 美春 大正三年四月廿四日生

神奈川縣 横濱市福富町三丁目

加奈陀 ビーシー州ヴイクトリア市ノースパーク街八二七

虫本亮一

長女 敏子 大正四年一月二日生
長男 敏春 大正六年四月十五日生
次女 美惠子 大正九年六月八日生

香川縣 綾歌郡栗熊村栗熊東

加奈陀　マントバ州ウイニペツク市

佳田爲次

長男　勝美　大正五年一月一日生
次男　正義　大正六年六月八日生

廣島縣　安佐郡鈴張村

加奈陀　ビーシー州ケローナ市
野田嘉市
長男　蔦夫　大正八年十月三十日生
熊本縣　八代郡野津村

加奈陀　ビーシー州バーノンウツドレーキ
大橋清太郎
長男　武雄
滋賀縣　犬上郡日夏村

加奈陀 ピーシー州ステプストン

高 井 信 吉

長男 幸 雄 大正六年三月七日生
次男 延 雄 大正八年十月十七日生

和歌山縣 海草郡松江村

加奈陀 ビーシー州ステプストン

岸 内 茂 市

長男 茂 大正六年十月三十日生
次男 道 夫 大正九年十月三十日生

香川縣 香川郡雌雄島字女木島

加奈陀　ピーシー州ステプストン郵函五五

岡野　茂三郎

長女　春子　大正二年二月廿七日生
次女　多鴻子　大正八年一月廿六日生
長男　一雄　明治四十五年一月二日生

廣島縣　御調郡田熊村

加奈陀　ピーシー州ステプストン郵函一九五

松尾　新次郎

長女　ミサオ　明治四十一年五月廿四日生
長男　新一　明治四十三年七月一日生
二女　光江　大正十二年二月二日生

山口縣　厚狹郡厚狹村隨光

加奈陀 ピーシー州ステプストン
寒川芳楠
長男 繁實 大正七年五月廿四日生
和歌山縣 海草郡木本村小屋

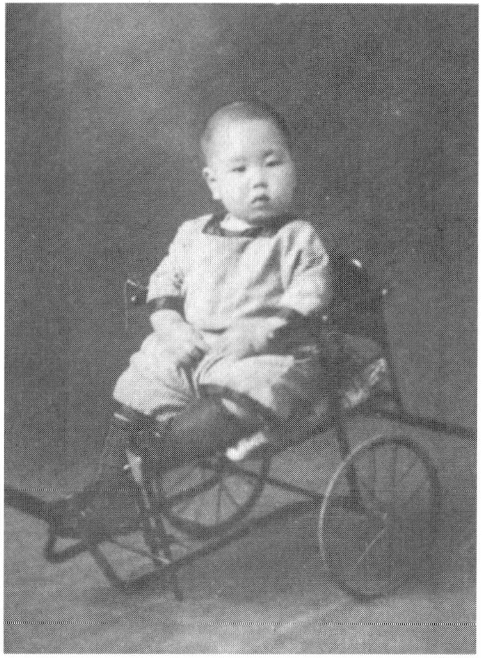

加奈陀 ピーシー州ステプストン
板倉鹿藏
長男 巖 大正五年十月三日生
香川縣 小豆郡坂手村

加奈陀　ビーシー州ステブストン郵函一七二

倉本傳次郎

長男　勳治　大正四年二月廿六日生
次男　富之　大正八年九月十二日生
長女　かず子　大正六年十一月十六日生

和歌山縣　東牟婁郡下里村大字下里

加奈陀　ピーシー州ステブストン郵函一七二

間　所　龜　藏

長女　八　重　大正四年二月廿二日生
三男　　博　　大正九年六月廿七日生
次男　通　治　大正五年十月廿四日生
長男　慶　雄　大正二年六月廿八日生

和歌山縣　東牟婁郡下里村大字下里

加奈陀　ビーシー州ステブストン郵函一六四

爲　本　錠　助

次女　文　枝　大正四年十一月廿一日生
長女　靜　子　明治四十二年十一月三日生
長男　鉄　雄　大正二年七月九日生

香川縣　香川郡雌雄島村大字女木島

加奈陀　ビーシー州ステブストン郵函四三八

寺　西　長　之　助

長女　キクヱ　大正四年十一月四日生

長男　巳之助　大正六年十二月四日生

和歌山縣　日高郡三尾村

加奈陀　ビーシー州ステブストン

木本亀次郎

三男	勉	大正四年十月十五日生
次女	幹子	大正七年六月十三日生
長女	一枝	明治四十二年六月十三日生
四男	亀雄	大正九年七月二日生
長男	春雄	明治四十四年六月十八日生
次男	正信	大正三年四月廿二日生

福岡縣　築上郡椎田町大字港

加奈陀 ビーシー州ステブストン郵凾一五

野上三之助

長女 愛子 大正五年五月十三日生
長男 友之 大正七年十一月廿六日生

和歌山縣 日高郡比井崎村大字阿尾

加奈陀ビーシー州ステブストン郵函一六四

唐津尚一

長女 綾子 大正四年十月三十日生
次女 ヒサノ 大正八年八月十八日生

香川縣 丸亀市津森

加奈陀 ビーシー州ステブストン郵函一八五

宇　田　郁

長女 ゆき子 大正九年一月四日生

靜岡縣 賀茂郡南中村大字上賀茂

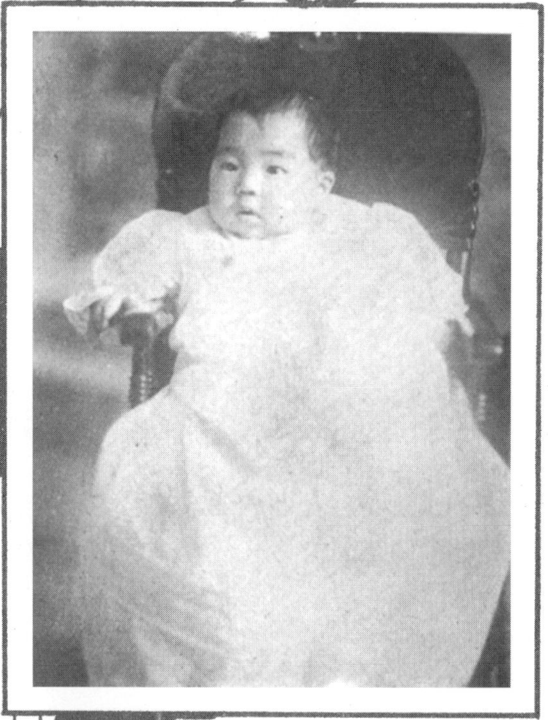

加奈陀 ビーシー州ステブストン郵函一七二

江　崎　松　助

三男 寛 明 大正八年七月十二日生

和歌山縣 東牟婁郡下里村大字下里

加奈陀　ピーシー州ステブストン郵函四三七

中　川　彌　五　郎

長女　文　江　大正五年二月一日生
二女　澄　子　大正七年十一月十一日生

和歌山縣　海草郡木本村大字小屋

加奈陀　ピーシー州ステブストン郵函一六四

鳴　瀬　金　太　郎

長女　八十子　大正六年三月廿四日生
長男　金　雄　大正三年九月廿六日生
次男　忠　雄　大正八年十一月九日生

香川縣　香川郡雌雄島村大字女木島

加奈陀 ピーシー州オーシヨン フオールス一六三六

濱田啓松

長女 さも枝 大正六年七月廿五日生
長男 清司 大正八年七月十日生

廣島縣 豊田郡佐江崎村字能地

加奈陀　ビーシー州オーシヨン　フオールス

森　田　谷　藏

二男　正　夫　大正二年十月十五日生

二女　シズエ　大正五年二月十三日生

廣島縣　廣島市稲荷町八十一番地

加奈陀 ビーシー州ホーシヨン フホールス

中 岡 字 一

長男　一 郎　大正四年九月廿日生

長女　幸 枝　大正七年七月一日生

廣島縣　比婆郡庄原町大字大久保

加奈陀 ビーシー州オーシヨン フオールス

高比良寅一

長女 瀧子 大正七年十二月一日生

長男 憲三 大正六年二月十五日生

長崎縣 東彼杵郡大村大字下久原

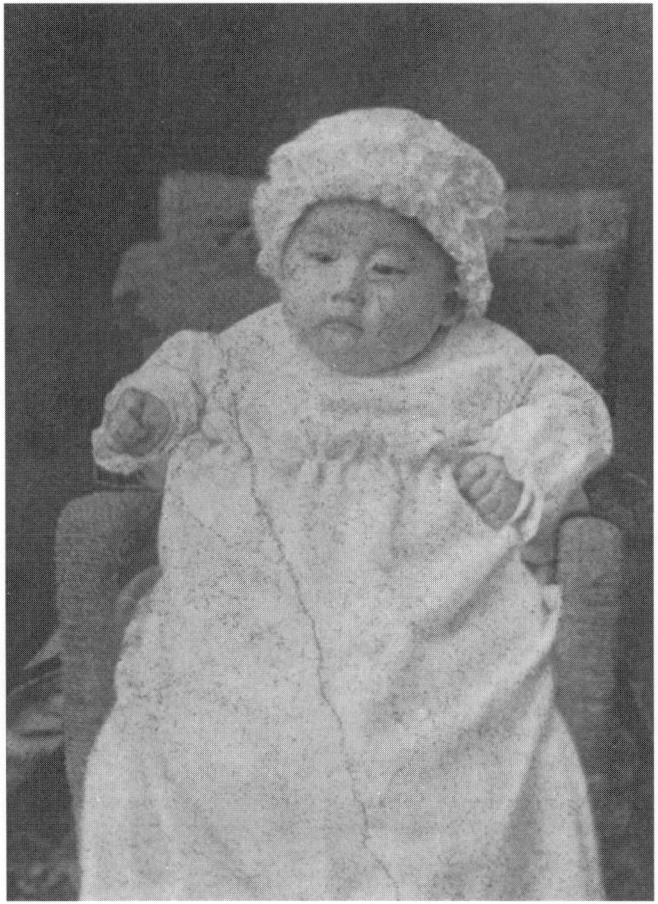

加奈陀　ピーシー州オーシヨン　フオールス

岡　村　重　次

長男　敏　男　大正九年七月廿八日生

高知縣　高岡郡新庄村大字安和

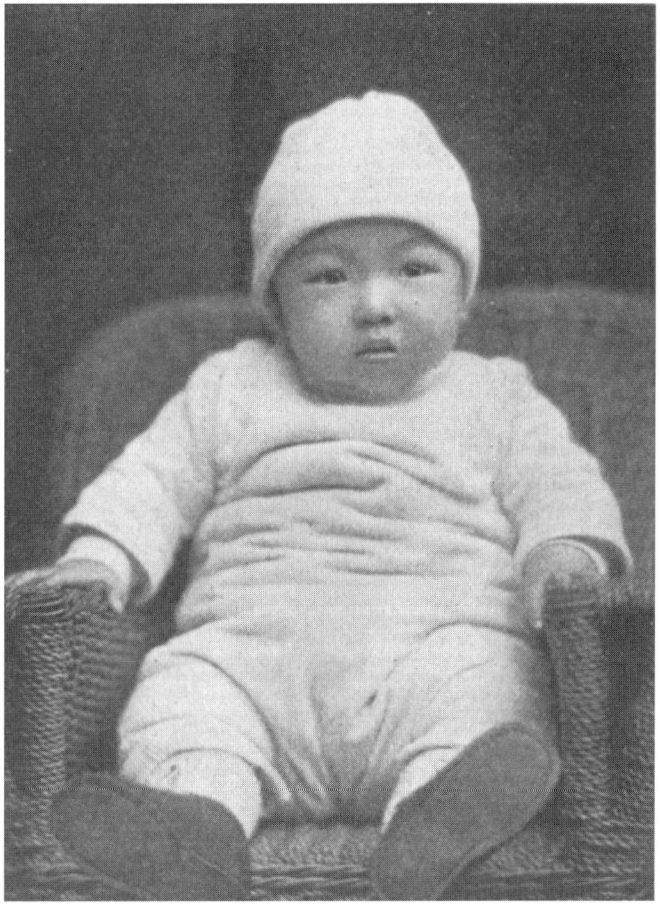

加奈陀 ビーシー州オーシヨン フオールス

山岡重一

長男 重之 大正九年四月十一日生

廣島縣 比婆郡峯田村大字峯

加奈陀 ビーシー州オーシヨン フオールス

鶴留靜男

長男 實秋 大正七年十二月二十日生

鹿兒島縣 川邊郡知覽村大字瀨世

加奈陀 ビーシー州オーシヨン フオールス

大山喜太郎

長女 八千代 大正六年七月三日生

熊本縣 八代郡龍峯村大字東川田

加奈陀ビーシー州オーシヨンフオールス

山野光平

長男　光喜　明治三十八年一月二十日生

熊本縣　上益城郡津森村大字小谷

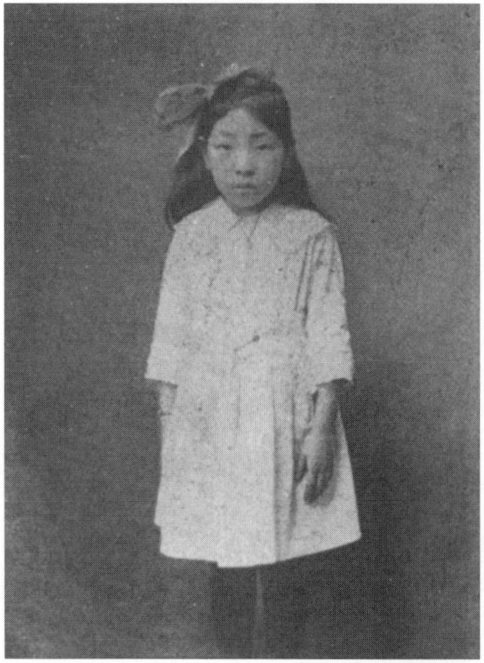

仝

次女　フサヱ　大正三年一月十六日生

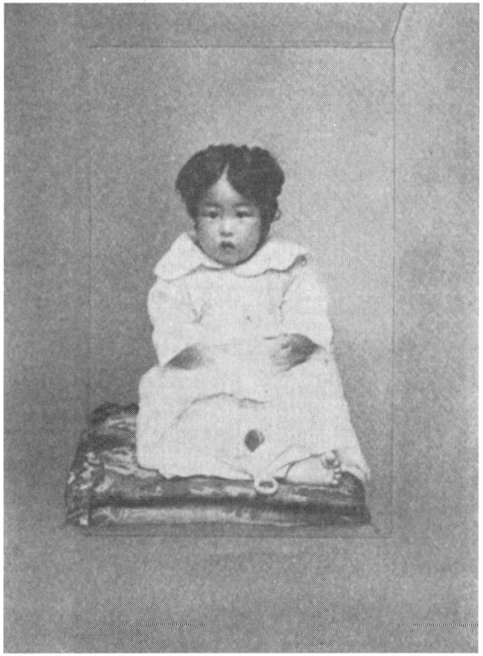

加奈陀　ビーシー州オーシヨン　フオールス
宇都宮藤太郎
次女　年子　大正五年十月十四日生
愛媛縣　東宇和郡横林村字横林

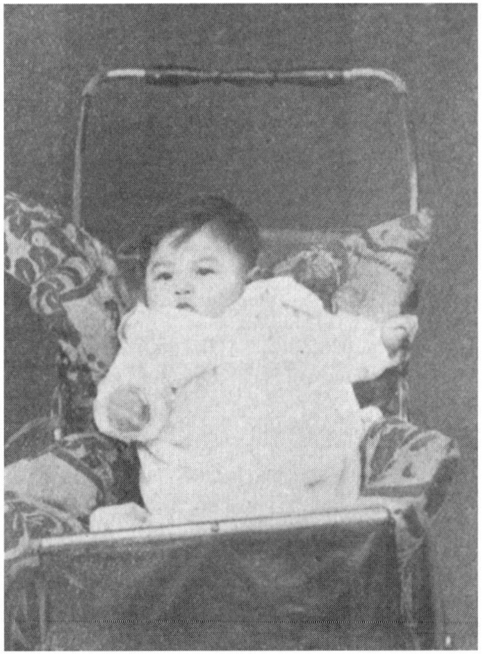

同
四男　保　大正八年一月九日生

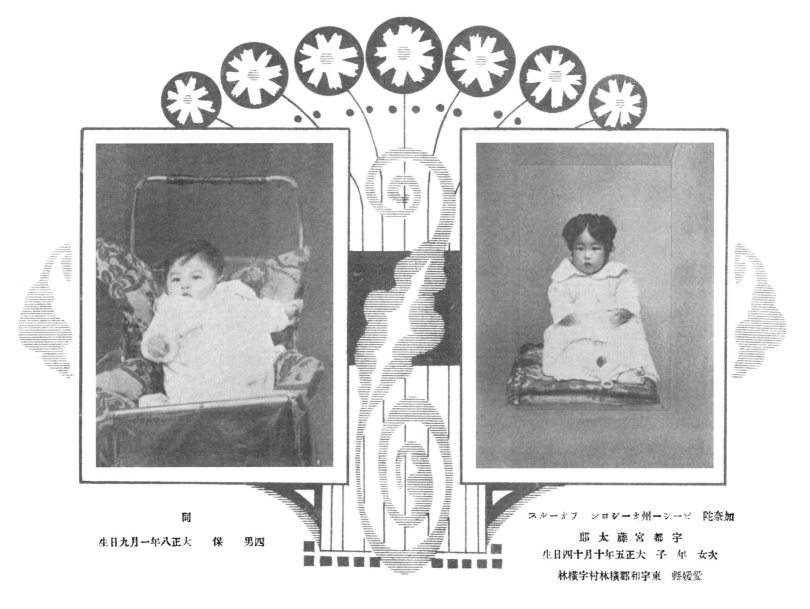

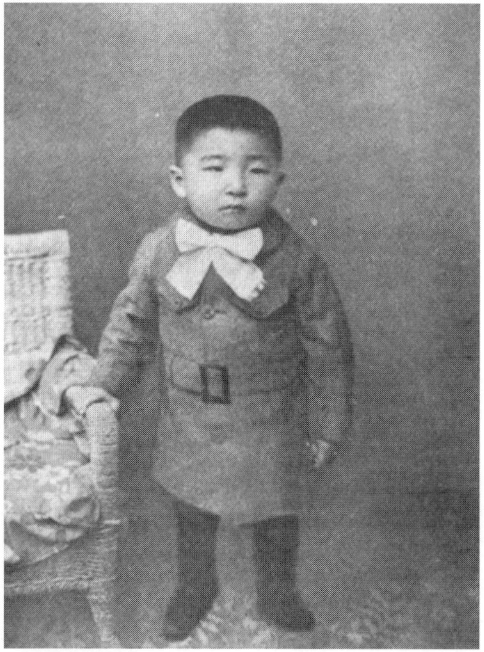

加奈陀 ピーシー州オーシヨン フオールス

藤本留次郎

長男 隆夫

滋賀縣 犬上郡芹谷村大字河内

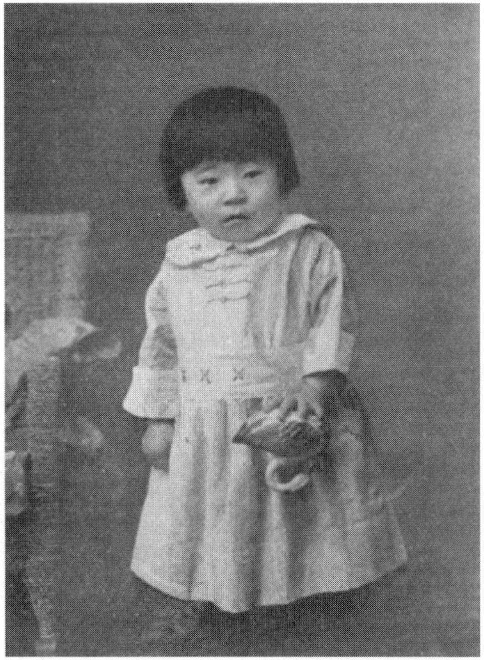

加奈陀 ピーシー州オーシヨン フオールス

福原隆量

長女 英美子 大正八年九月十二日生

廣島縣 安藝郡仁保村字丹那

加奈陀　ビーシー州オーシヨン　フオールス

宮地雁之介

長男　格雄　大正八年七月六日生

廣島縣　御調郡中之庄村大字室屋

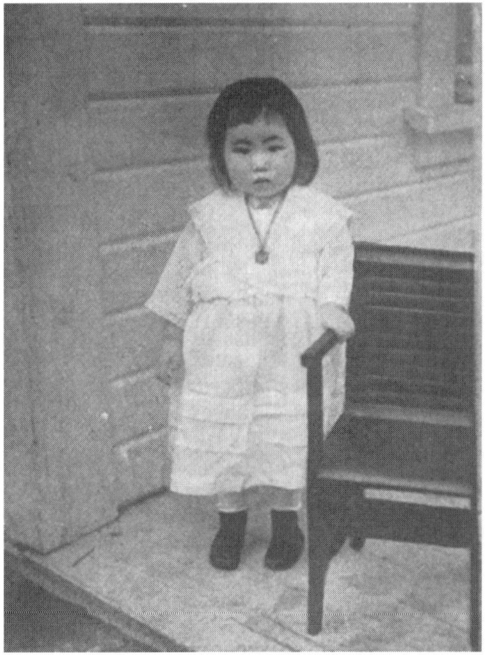

加奈陀　ビーシー州オーシヨン　フオールス

森下佐吉

長女　静江　大正七年七月廿三日生

和歌山縣　日高郡三尾村

加奈陀 ピーシー州オーシヨン フオールス

小川琢磨

長女 明子 大正六年十一月三日生

二女 英子 大正八年八日廿三日生

千葉縣 君津郡飯野村大字下飯野

加奈陀　ビーシー州オーシヨン　フオールス

池田三太郎

長男　清　大正五年八月十四日生
次男　幸雄　大正七年八月廿一日生
長女　喜美江　大正九年一月十四日生

熊本縣　鹿本郡三玉村大字上吉田

加奈陀　ビーシー州オーシヨン　フオールス

福島源藏

長女　和子　大正五年十二月一日生
二女　忠子　大正八年十二月廿六日生

熊本縣　上益城郡七瀧村大字上野

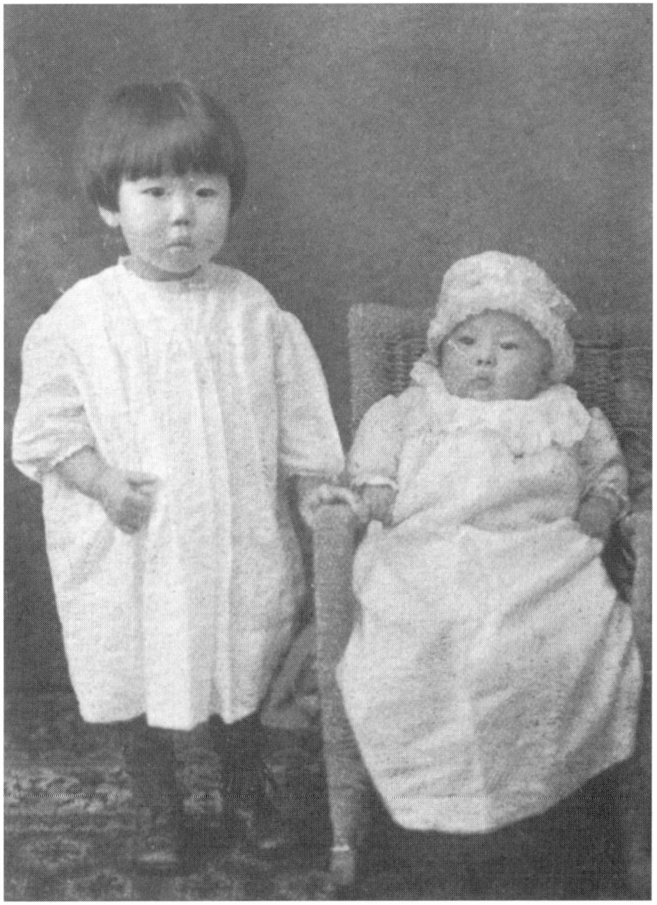

加奈陀　ピーシー州オージヨン　フオールス

宇津宮悳美吉

長男　勇　大正九年八月十六日生
長女　照子　大正八年二月九日生

愛媛縣　東宇和郡横林村大字横林

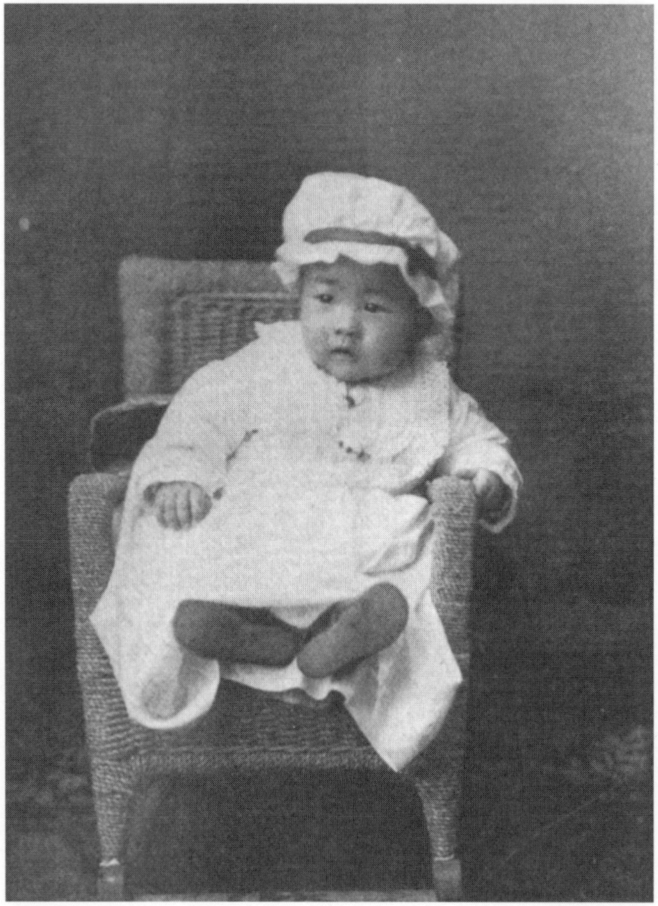

加奈陀　ピーシー州オーシヨン　フオールス

高　橋　孫　佐

長男　壽　夫　大正[illegible]年六月十五日生

福井縣　三方郡山東村字北田

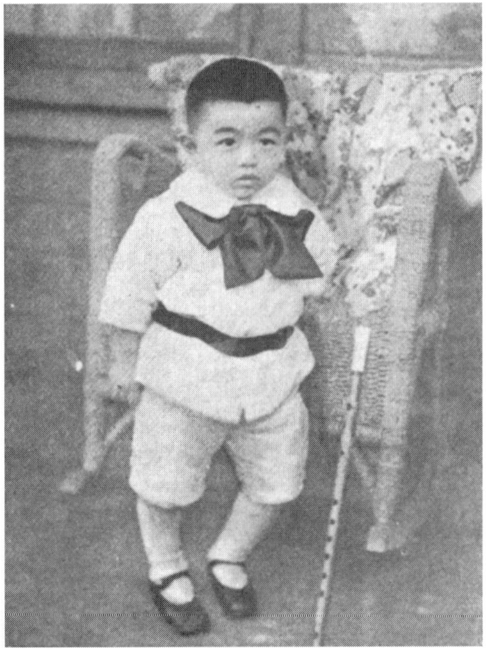

加奈陀 ピーシー州 オーシヨン フオールス

佐藤秋三郎

長男 長雄 大正七年十月廿一日生

群馬縣 群馬郡長尾村大字横堀

加奈陀 ピーシー州オーシヨン フオールス

須貝謙吉

長男 武 大正五年二月二日生
次男 楠 大正六年七月廿二日生
長女 スミ子 大正九年二月一日生

新潟縣 岩船郡女川村大字高田

加奈陀　ピーシー州オーシヨン　フオールス

吉　原　初　作

長女　直恵　大正九年六月廿二日生

廣島縣　御調郡尾道町向島西村

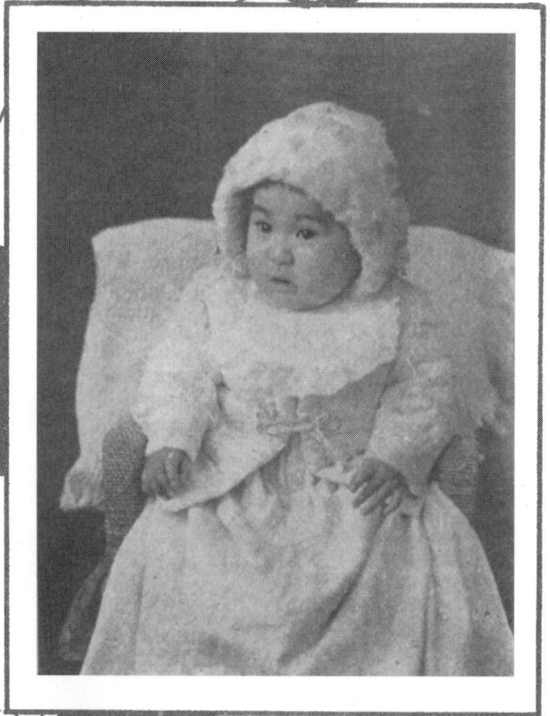

加奈陀　ピーシー州オーシヨン　フオールス

肥　田　野　源　藏

五女　ハルエ　大正九年二月廿二日生

新潟縣　北蒲原郡聖籠村眞野

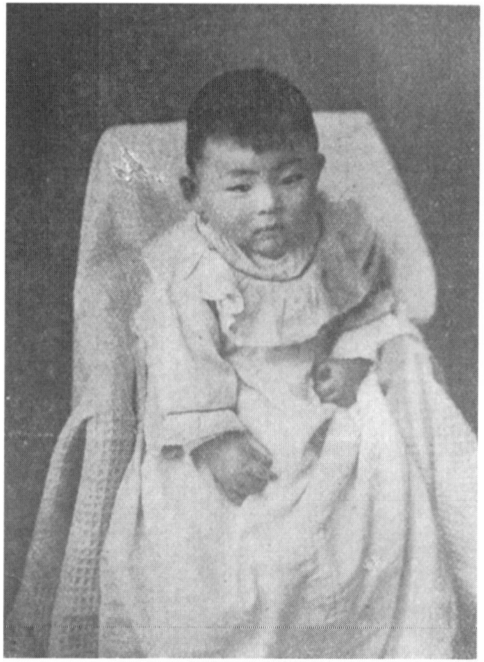

加奈陀　ビーシー州オーシヨン　フオールス
中　島　光　雄
長男　定　雄　大正九年二月十日生
廣島縣　双三郡三次住吉町

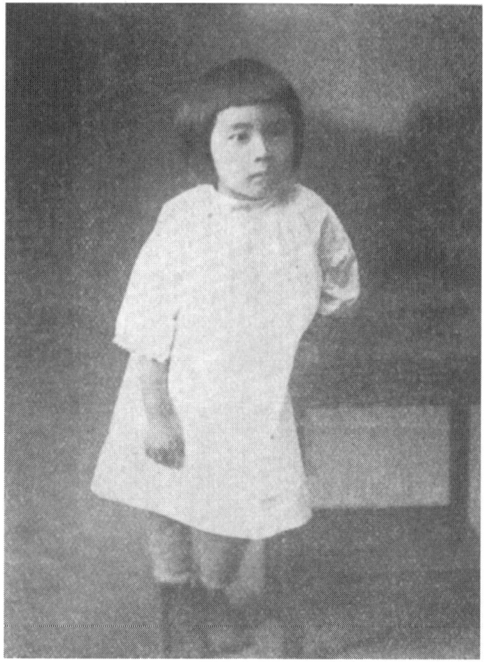

加奈陀　ビーシー州スクワムシユ
重　松　常　太　郎
二女　ナ　ル　大正六年六月一日生
福岡縣　三井郡大垣村大字三川

加奈陀　ピーシー州ミツシヨン市郵函七三

左近文次郎

（不明）

鳥取縣　西伯郡余子村大字竹内

加奈陀　ピーシー州ミツシヨン市郵函二九五

田原林藏

三女　トシ子　大正八年一月四日生

二女　シヅ　大正六年一月三日生

高知縣　高岡郡高岡町大字天ノ崎

加奈陀　ビーシー州ミツシヨン市郵函一五一

志風仁次郎

長女　トシ　大正七年五月十一日生

長男　義雄　大正四年六月廿六日生

鹿児島縣　川邊郡加世田町大字内山田

加奈陀　ビーシー州ミツシヨン市郵函一三四

小野徳太郎

長女　タツ子　大正五年一月四日生

次男　清　大正七年三月十六日生

神奈川縣　足柄上郡吉田島村

加奈陀　ビーシー州ミツシヨン市郵函二九四

橋　爪　太　四　郎

長男　英　一　大正二年五月生
次男　雄次郎　大正三年六月生
次女　トヨ子　大正七年八月生

和歌山縣　海草郡日方村

加奈陀　ビーシー州ミツシヨン市郵函五〇

服部太一郎

次男　咲雄　大正七年五月十七日生
長男　正雄　明治四十五年一月九日生
三女　信子　大正八年八月七日生
長女　君子　大正三年七月九日生
次女　咲子　大正七年五月十七日生

三重縣　三重郡楠村大字南五味塚

加奈陀　ピーシー州ミツシヨン市郵函七七
宮川彦次郎
長男　敏彦　大正六年五月七日生
滋賀縣　東淺井郡七尾村大字相樸庭

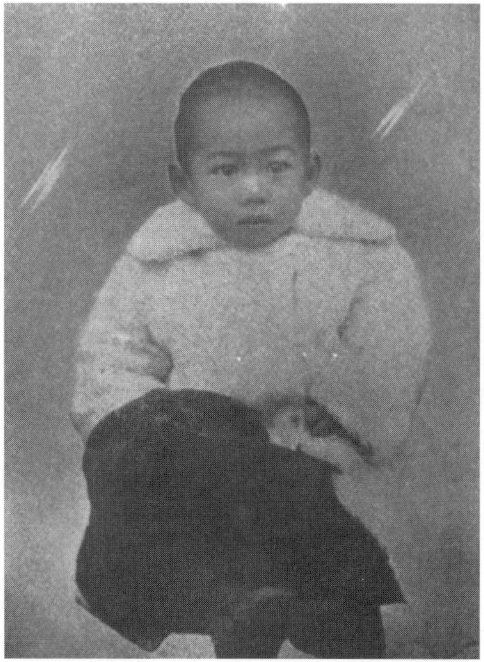

加奈陀　ピーシー州ミツシヨン市郵函一二七
大野健藏
長男　正治　大正八年一月二日生
廣島縣　廣島市江波町

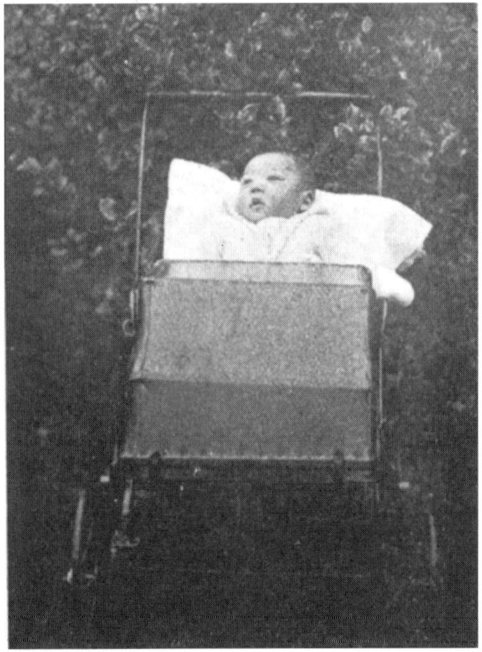

加奈陀　ピーシー州ヴイクトリア市カモソン街一四三八

楠本楠太郎

長男　貢　大正九年八月十一日生

廣島縣　安藝郡大屋村大字東

加奈陀　ピーシー州ミツシヨン市郵函三一二

志風嘉右衛門

長女　幸子　大正九年一月廿二日生
長男　忠雄　大正六年四月三十日生
次男　博徳　大正七年五月廿七日生

鹿兒島縣　川邊郡加世田町大字内山田

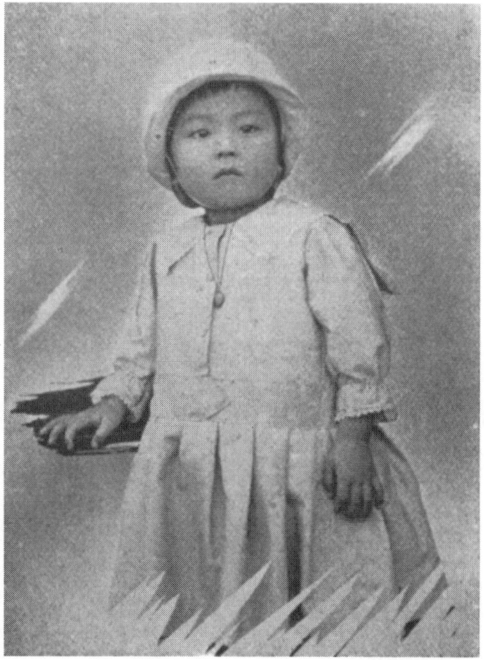

加奈陀 ビーシー州ミツシヨン市郵函一二八
正　野　彦　藏
長女 マツヱ 大正六年九月八日生
福岡縣 築上郡葛城村大字水原

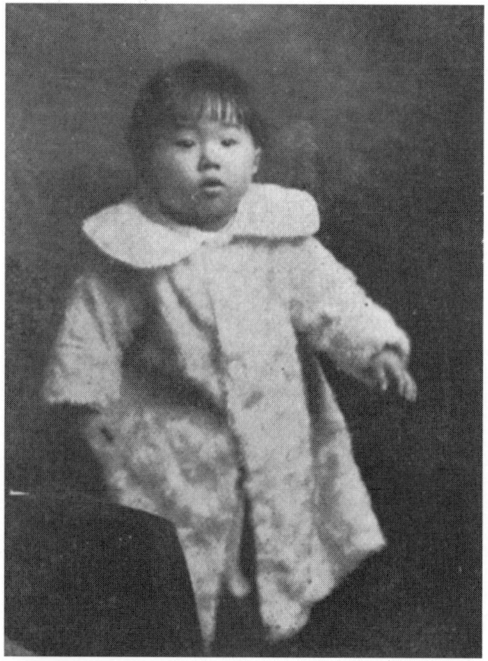

加奈陀 ビーシー州ミツシヨンシテイー郵函六一
上　村　市　次　郎
長女 千鶴子 大正八年九月六日生
福岡縣 朝倉郡三奈木村荷原

加奈陀 ピーシー州ミツシヨン市

古武家伊作

長男 勇 大正一年生

廣島縣 安藝郡温品村

加奈陀 ピーシー州ミツシヨン市郵凾四〇

下田粂次

次女 芳子 大正七年五月生
次男 貞雄 大正三年三月生
三女 ミサオ 大正九年五月生

廣島縣 安佐郡伴村大字松宗

加奈陀 ピーシー州ミツシヨン市

中島 禎造

次男 民尊 大正八年十一月四日生

長男 公明 大正七年三月一日生

廣島縣 廣島市江波町

加奈陀　ビーシー州ミツシヨン市郵函一二九

岡　部　傳　次　郎

長男　　英　　大正七年六月廿八日生
次男　　保　　大正九年三月三日生

神奈川縣　中郡西秦野村大字千村

加奈陀　ビーシー州ミツシヨン市

千　田　嘉　一

長女　初　江　大正四年一月二十日生
長男　　博　　大正五年七月七日生
次男　　巍　　大正七年六月廿二日生
三男　光　四　大正九年三月六日生

岡山縣　都窪郡庄村大字矢部

加奈陀 ビーシー州ツエベスト コーナー

永 井 正 一

長男 政 義 大正三年生
次男 春 行 大正五年生
長女 八重子 大正七年生

廣島縣 御調郡向島西村大字干汐

加奈陀　ビーシー州　イーバン　アクミ　キヤナリー

小　野　諸　平

四男　康　弘　大正四年十月生
二女　美　登　大正八年二月生
長女　政　子　大正六年六月生

岡山縣　兒島郡東興除村大字東疇

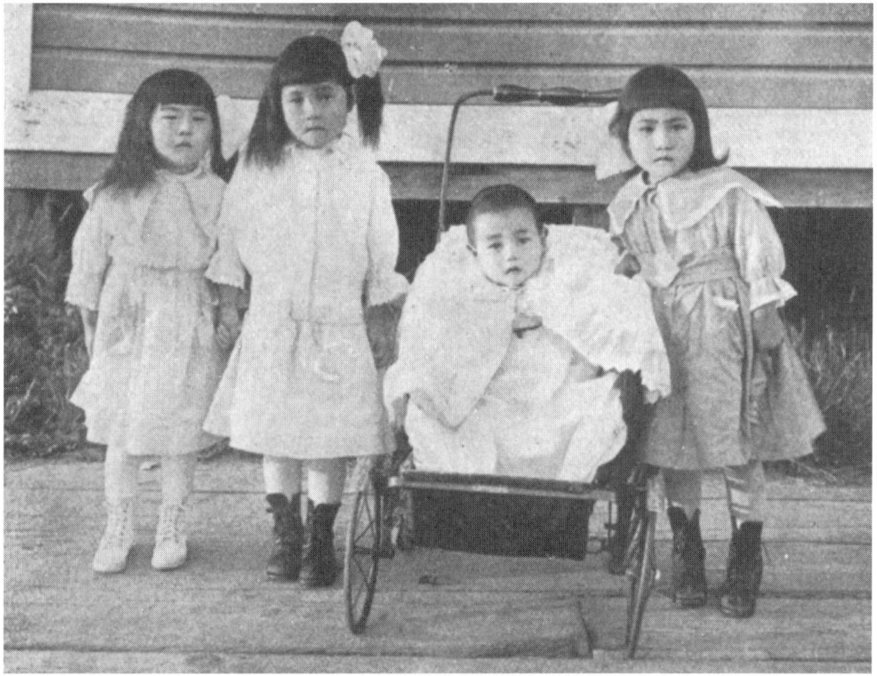

加奈陀 ピーシー州 イーバン アクミ キヤナリー

小 柳 長 松

長女 一 枝 大正三年十一月八日生
二女 登美子 大正五年六月六日生
長男 政 美 大正七年十月十一日生

福岡縣 三池郡三川町三里

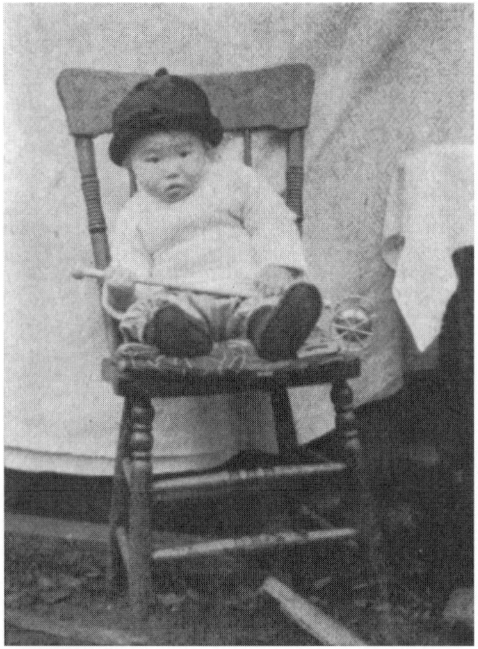

加奈陀 ビーシー州ヴイクトリア市ダグラス街
二〇〇一

長 尾 廉 一

長男 正 美 大正九年一月三日生

鳥取縣 東伯郡泊村

加奈陀 ビーシー州ポート ヘネー

尾 座 本 茂 六

次女 美習子 大正六年五月九日生

福岡縣 築上郡椎田町大字高塚

加奈陀 ピーシー州 ポート ハモンド

濱田長三郎

長女 ノヅエ 明治四十二年六月十八日生

長男 一士 大正三年一月八日生

福井縣 大井郡本郷村大字本郷

加奈陀 ピーシー州 ピツトミドウ

海田祐一

長女 園江 大正六年九月廿日生

海田隆二

長女 夢 大正八年二月十日生

山口縣 玖珂郡新庄村

加奈陀 ピーシー州ポート ヘネー

森　國造

長女　敏子　大正四年三月廿四日生
長男　幹彦　大正七年一月三日生
次女　千鶴子　大正九年三月八日生

鳥取縣　日野郡神奈川村大字武庫

加奈陀 ピーシー州ポート ヘネー

瀧下德次郎

長女　サツ子　大正三年七月廿七日生
長男　勇　大正七年九月八日生
次女　利子　大正九年六月十日生

福岡縣　嘉穗郡足白村大字椎ノ木

加奈陀 ビーシー州ポート ハモンド郵函七九

大池久助

三男 英一 大正七年三月十一日生
二男 賢 大正四年七月十七日生

福岡縣 企救郡松ヶ江村大字吉志

加奈陀 ビーシー州ブリタニア ビツチ

角谷源市

長男 潔 大正六年二月十一日生
長女 米子 大正八年五月四日生

和歌山縣 海草郡松江村

加奈陀ビーシー州ポートヘネー

日高禎藏

次女	英子	明治四十二年五月廿六日生
長男	芳郎	明治四十四年二月十一日生
三女	輝子	大正二年六月十八日生
四女	和子	大正六年二月十六日生
次男	邦夫	大正七年四月廿九日生
五女	純子	大正八年九月十四日生

福岡縣 遠賀郡底井野村大字下大隈

加奈陀　ビーシー州ポート　ヘネー郵函五四

井　上　識

長女	エスタ	明治四十三年五月十七日生
次女	スャ	明治四十四年三月十九日生
三女	マサ	大正三年五月二日生
四女	ルーフ	大正四年十月廿五日生
長男	神奈雄	大正五年五月廿四日生

神奈川縣　愛甲郡三田村

加奈陀　ビーシー州ポート　ハモンド

森　川　保　太　郎

長男　勝　巳　明治四十六年十月一日生

次男　實　雄　大正元年四月十四日生

廣島縣　安佐郡龜山村大字四日市

加奈陀　ビーシー州ポート　ハモンド郵函五四

中野安太郎

長男　新太　明治四十三年一月三日生
長女　縫子　明治四十五年一月十三日生
次男　正三　大正三年七月十五日生
三男　勇　大正五年一月八日生

福岡縣　築上郡椎田町大字高塚

加奈陀　ビーシー州ピツト　ミドウ

星崎保太郎

長男　一雄　大正五年一月三十日生
次男　福一　大正六年十月六日生
三男　保雄　大正八年七月十三日生

神奈川縣　足柄下郡下府中村大字上新田

加奈陀　ビーシー州ポート　ヘネー

山崎　騰

長男　高士　大正三年五月五日生
長女　マサ子　大正四年五月十五日生
次男　徳市　大正七年五月十三日生
三男　高明　大正九年八月二十日生

長野縣　南安曇郡北穂高村大字狐島

加奈陀 ビーシー州ブリタニア ビツチ

配島重平

長女 八重 大正七年十一月九日生

神奈川縣 足柄上郡櫻井村大字曾比

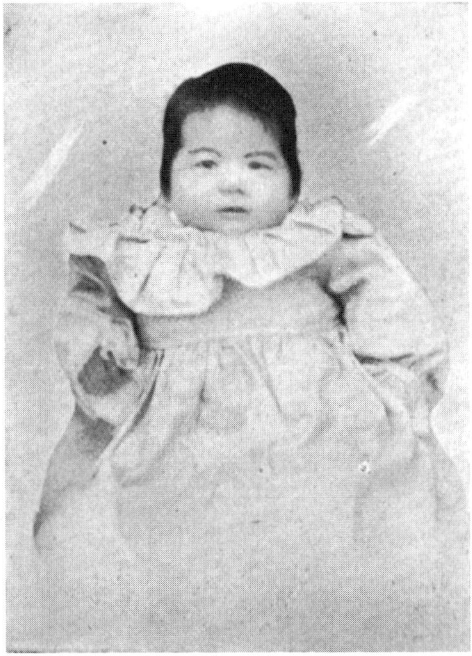

加奈陀 ビーシー州ミツシヨン市郵函一二八

小川篤三郎

長男 豐 大正九年十月二日生

福岡縣 築上郡千束村大字塔田

加奈陀 ビーシー州ピツト ミドウ

藤本秀彦

長男 邦秀 大正五年三月十一日生

長女 千惠 大正九年五月四日生

熊本縣 玉名郡腹赤村大字腹赤

加奈陀 ビーシー州ピツト ミドウ

永松五一郎

長女 キイ子 大正五年二月十日生

次女 マリ子 大正六年八月廿五日生

長男 昇 大正八年三月十五日生

熊本縣 玉名郡小田村大字上小田

加奈陀　ビーシー州ブリダニア　ビツチ

小宮吉藏

長男　吉次　大正七年一月二日生

長女　房子　大正八年八月九日生

神奈川縣　足柄上郡山田村

加奈陀　ビーシー州ポート　ハモンド

瀬戸鎰太郎

長男　進　大正七年六月廿七日生

次男　勇　大正九年六月十五日生

神奈川縣　足柄上郡酒田村大字金井島

加奈陀 ピーシー州ポート ヘネー
篠原萬藏
五男 捨雄 明治四十三年一月八日生
熊本縣 下益城郡西砥田村大字清水

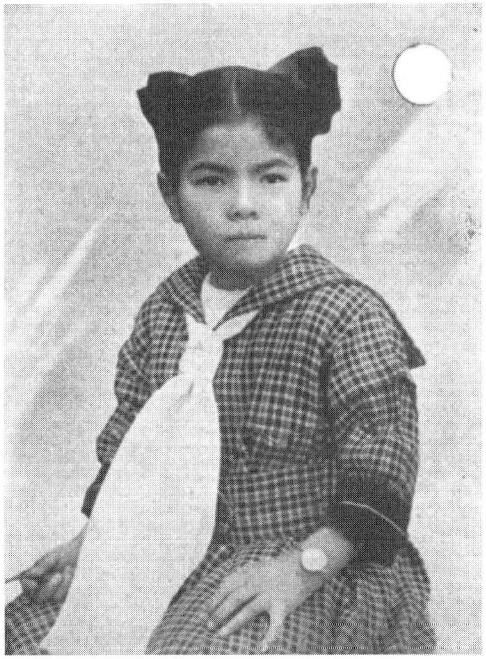

加奈陀 ピーシー州ポート ハモンド
中原久吉
養女 靜江 大正二年五月生
熊本縣 上益城郡福田村大字福原

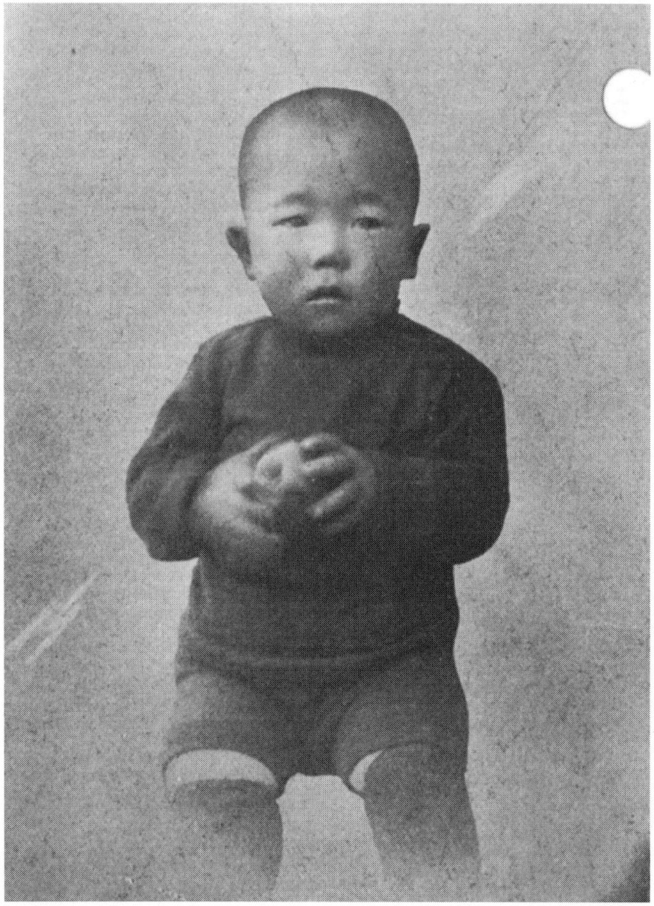

加奈陀　ビーシー州ポート　ヘネー郵函一一

料　治　一　太

長男　英　一　大正八年三月三十日生

岡山縣　都窪郡福田村大字妹尾﨑

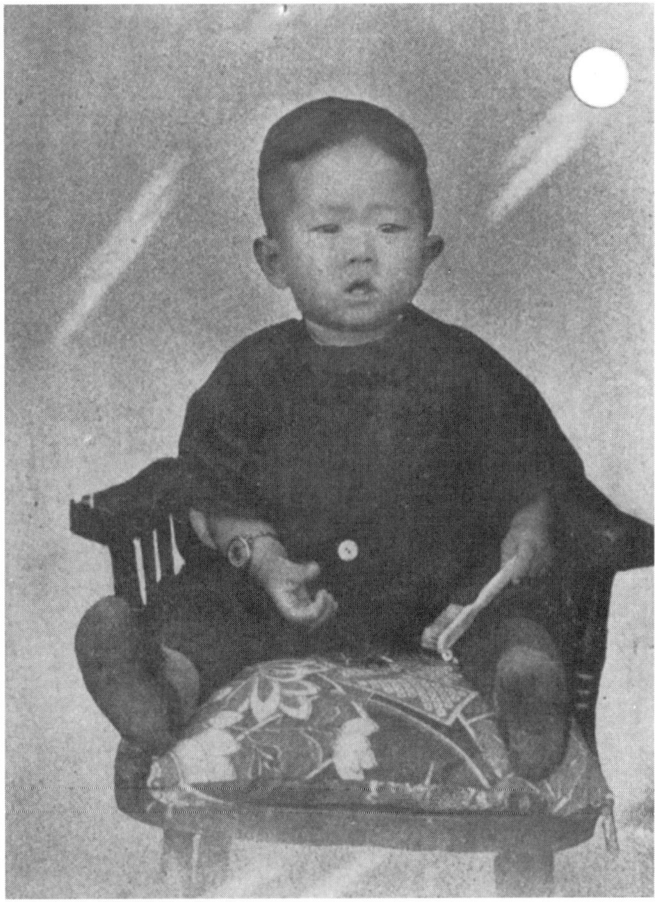

加奈陀 ビーシー州ポート ハモンド

澤山權藏

長男 孝 大正八年十一月十八日生

靜岡縣 安倍郡久野村大字根古屋

加奈陀　ピーシー州ポート　ヘネー

栗田莊太郎

長男　敏夫　明治四十年五月二十日生
長女　フツエ　大正二年七月四日生

廣島縣　廣島市千田町一丁目

加奈陀　ビーシー州ポート　ヘネー

大音徳三郎

次男　猛夫　十一年六ヶ月

長女　静　七年三ヶ月

福岡縣　嘉穂郡大隈町大字井ノ隈

加奈陀　ピーシー州レデイー　スミス

吉木徳助

長男　濱　大正二年二月十五日生
長女　愛子　大正四年五月九日生
次男　忠義　大正六年八月二十日生

山口縣　熊毛郡田布施町

加奈陀　ピーシー州ポート　ヘネー

米山力藏

長女　操子　大正四年七月廿日生
次女　八千代　大正六年三月廿三日生
三女　光江　大正八年十一月十一日生

神奈川縣　足柄上郡吉田島村

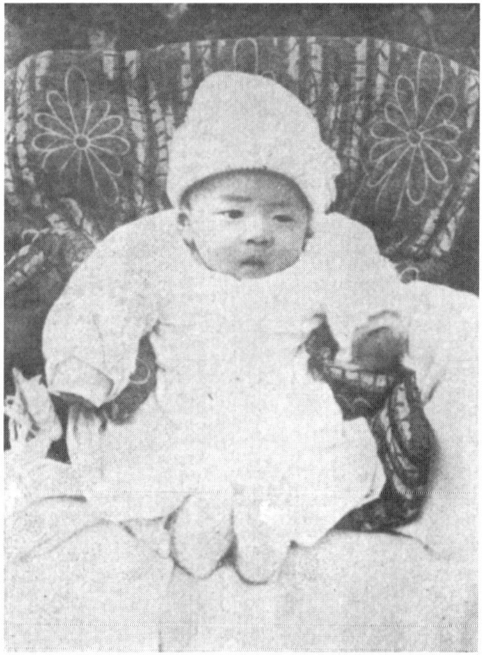

加奈陀　ピーシー州ブリタニア　ピツチ
眞砂清七
長男　忠幸　大正九年八月六日生
和歌山縣　西牟婁郡長野村大字伏菟野

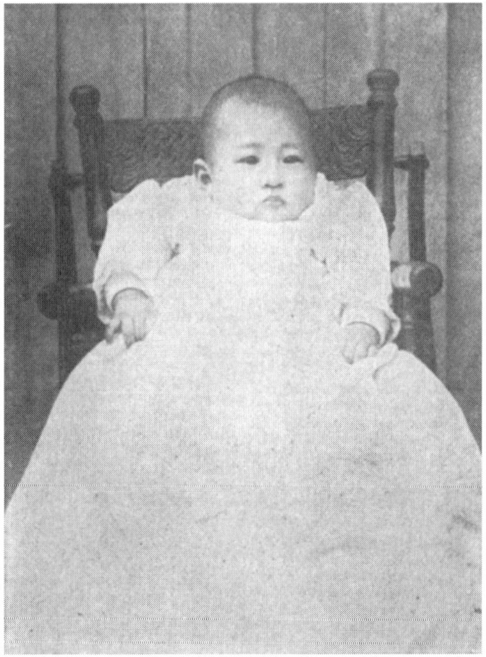

加奈陀　ピーシー州ブリタニア　ピツチ
中村光壽郎
長男　正義　大正九年七月十八日生
和歌山縣　海草部松江村大字東

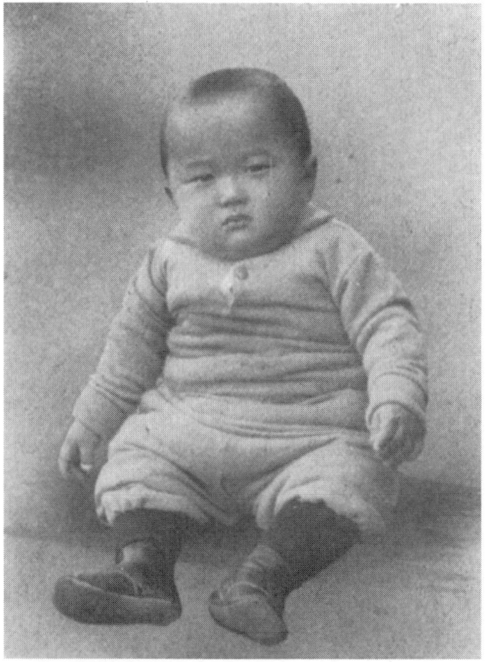

加奈陀　ビーシー州ポート　ヘネー

永　原　義　房

長男　一　夫　大正八年十二月廿一日生

岡山縣　都窪郡妹尾町大字妹尾

加奈陀　ビーシー州テラノバー

小　柳　喜　一

長男　喜代利　大正七年六月六日生

福岡縣　三池郡三川町大字三里

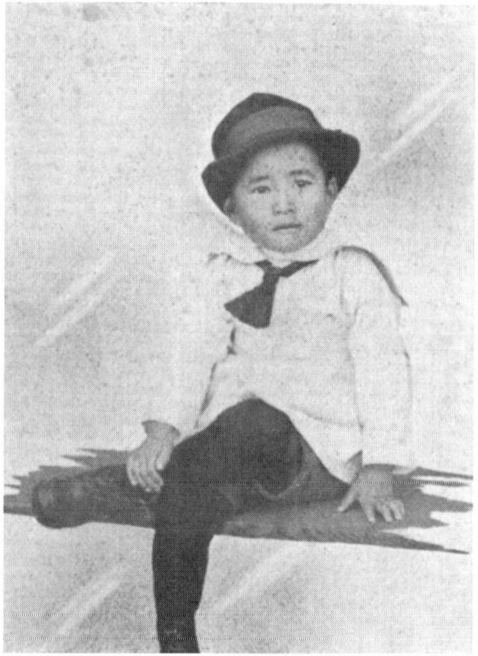

加奈陀 ビーシー州 ポート ハモンド

穗谷野伊三郎

次男 曠 大正六年十月十五日生

神奈川縣 足柄下郡下府中村大字中新田

加奈陀 ビーシー州 ブリタニア ビツチ

山神美代藏

次男 喜三郎 大正四年一月二十五日生
三男 清 大正六年十一月十二日生
四男 義夫 大正九年九月廿一日生

神奈川縣 足柄上郡吉田島村

加奈陀　ビーシー州ポート　ハモンド

山　本　兩　平

長女　初　子　明治四十一年一月卅一日生
次女　千代子　明治四十一年十月四日生
三女　靜　江　明治四十三年四月七日生
四女　フミ子　大　正　元　年　八　月　生
長男　正　巳　大正三年六月十二日生
五女　豐　子　大正五年九月廿四日生
次男　清　大正八年四月十二日生

熊本縣　上益城郡名連川村黑川

加奈陀ピーシー州ポートハモンド

家本萬吉

次女　ハル子　大正四年三月十三日生
長男　心一　大正六年四月廿二日生
三女　フミエ　大正七年十一月廿七日生
四女　ヨシ子　大正九年三月廿九日生

山口縣玖珂郡桑根村

加奈陀 ビーシー州ブリタニア ビツチ

花岡周市

長女 英子 大正七年一月二日生

廣島縣 佐伯郡地御前村

加奈陀 ビーシー州ポート ヘネー

中内安太郎

長女 花枝 大正七年八月十日生

福岡縣 築上郡葛城村大字岩丸

加奈陀　ビーシー州ポート　ヘネー

寶崎市太郎

長男	猛司	明治四十四年四月廿七日生
次男	賢	大正元年十月九日生
三男	靜雄	大正三年六月十二日生
長女	八重子	大正五年十月八日生
次女	フサエ	大正八年一月八日生

福岡縣　京都郡中津村大字稲田

加奈陀 ビーシー州ヴイクトリア市フイスガード街八二〇

向井芳松

四男 力 大正三年十一月一日生

和歌山縣 日高郡三尾村

加奈陀　ビーシー州ポートヘネー

中山要太郎

長女　要子　明治四十四年九月九日生

大分縣宇佐郡八幡村

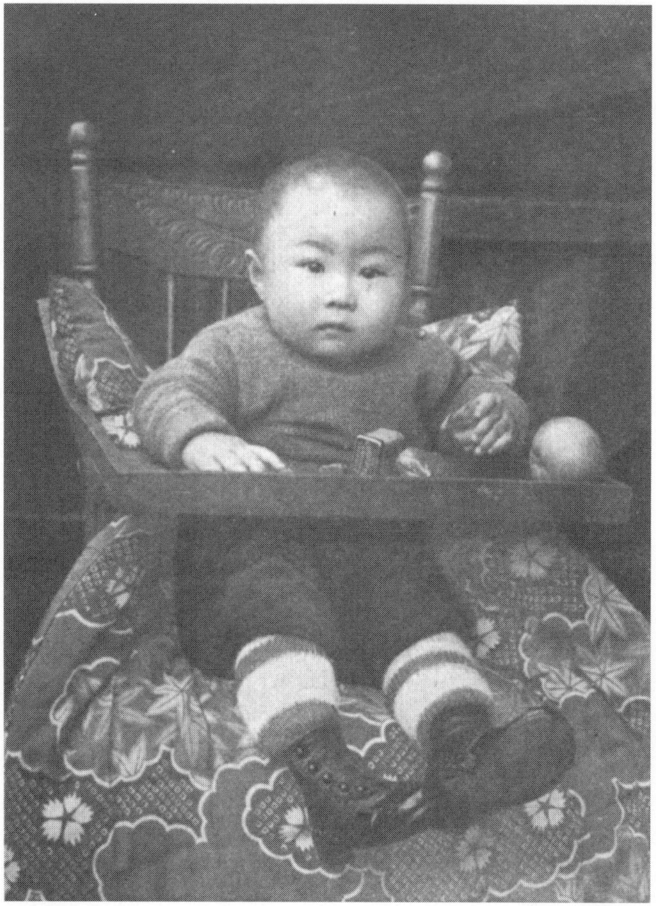

加奈陀 ビーシー州ブリタニア ビッチ

町　田　寅　吉

長男　晴　男　大正九年二月十九日生

神奈川縣 足柄上郡櫻井村大字曾比

加奈陀　ビーシー州ポート　ヘネー郵函一一

貴家綱吉

長女　シヅ子　大正七年九月二十日生

次女　久代　大正九年二月廿七日生

山梨縣　南都留郡大石村

加奈陀　ビーシー州ブリタニア　ピツチ

叙持儀三郎

長女	優美子	大正五年三月廿三日生
長男	瑞　彦	大正七年三月十五日生
次男	久　仲	大正九年一月七日生

神奈川縣　足柄下郡足柄村大字新屋

加奈陀　ビーシー州ブリタニア　ビツチ

高橋幸一

次女　よし子　大正三年九月廿八日生
長男　健太郎　大正六年三月四日生

滋賀縣　犬上郡久徳村大字月之木

加奈陀　ビーシー州コーツネー
小早川護一
次男　勇　明治卅四年三月十六日生
廣島縣　加茂郡造賀村字天田

仝
長男　正雄　明治三十一年四月十日生
長女　佐賀美　明治卅七年四月廿五日生

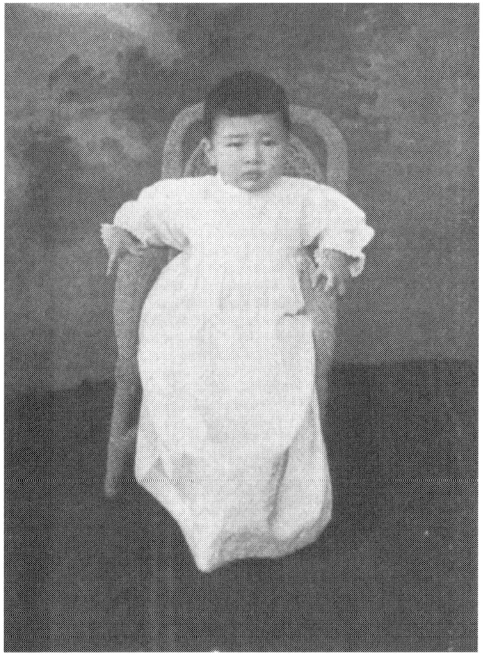

加奈陀ピーシー州サンドウイツク

秦　友一

長男　芳毅　大正九年一月一日生

廣島縣　安藝郡中野村大字前田

加奈陀　ピーシー州サンドウイツク

丸川小一

長女　ノヅ子　大正二年三月七日生
次女　ヨシエ　大正五年十二月廿七日生
長男　勝美　大正七年四月廿八日生

廣島縣　山縣郡南方村大字大南方

加奈陀　ビーシー州コーツネー

岸　本　勇　吉

長女	ハルエ	大正三年三月三日生
長男	勇　市	大正四年五月十日生
次男	清　吉	大正五年十月廿八日生
三男	光　夫	大正七年四月生

廣島縣　佐伯郡木野村

加奈陀　ピーシー州カンバーランド第五號地

岡　崎　信　太　郎

長男　勝　昌　大正六年六月十四日生
次男　昌　利　大正九年一月三十日生

岡山縣　御津部馬屋上村大字田原

加奈陀　ビーシー州ミツシヨン市郵函一一三
荒　木　種　吉
長男　一　郎　大正八年六月六日生
福岡縣　三井郡合川村大字足穗

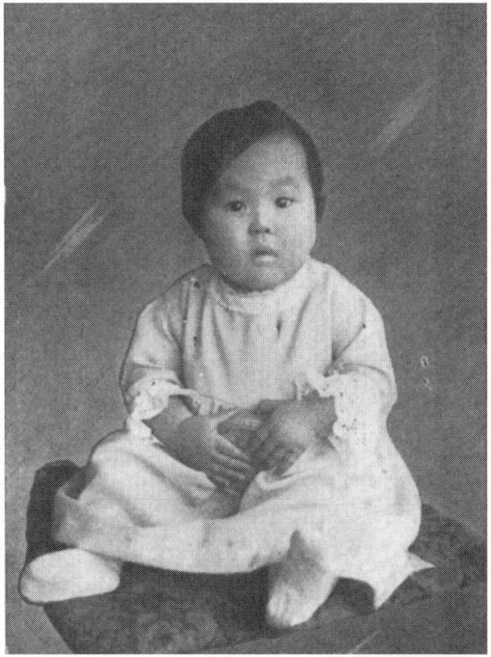

加奈陀　ビーシー州ミツシヨン市郵函五五
工　藤　寶
長女　春　美　大正九年一月九日生
廣島縣　高田郡有保村大字有留

加奈陀 ピーシー州ヴイクトリア市フォート街八三一

鎌倉季雄

次女 一美 大正五年五月廿九日生
長女 千槇 大正三年十一月十八日生
長男 寛 大正七年三月八日生

長野縣 東筑摩郡松本村大字友島

加奈陀 ピーシー州ヴイクトリア市カムソン街一四四二

岩波淳吉

長女 淳子 大正六年十二月十六日生
長男 健一 大正九年一月十一日生

長野縣 諏訪郡下諏訪村大字久保

大正十年五月廿日印刷
大正十年五月二十五日發行
大正十年七月　再版

不許複製

廣島縣深安郡引野村二百八十六番地
英領加奈陀晩香坡市アレキサンダー街二百三十番
編輯兼發行者　佐藤茂平

東京市麻布區笄町八十一番地
大江印刷株式會社
製版兼印刷者　大江太

東京市麻布區笄町八十一番地
印刷所　大江印刷株式會社
電話芝 四〇六番 三九〇二番

英領加奈陀晩香坡市アレキサンダー街二百三十番
廣島屋旅館
發行所　佐藤事務所

第II部

解　題

『東宮殿下御渡欧記念・邦人児童写真帖』の発刊をめぐる日本とカナダ

解題　『東宮殿下御渡欧記念・邦人児童写真帖』の発刊をめぐる日本とカナダ

河原典史

I　はじめに

一九二一（大正一〇）年三月三日から九月三日まで、当時の東宮殿下（皇太子殿下、後の昭和天皇）は、軍艦・香取でイギリス、フランス、ベルギー、オランダとイタリアのヨーロッパ五カ国を歴訪された。殿下の渡欧を記念して、日本国際写真通信社編『東宮殿下御渡欧記念写真帖』[1]をはじめ、村越三千男編『東宮殿下御渡欧記念寫眞帖』[2]、平和記念協会・大沢米造編『皇太子殿下御渡欧記念写真帖』[3]や、国際情報社・大日本国民教育会編『皇太子殿下御渡欧記念写真帖』[4]など、いくつかの写真帖が国内で発刊された。その一つである大阪毎日新聞社編纂『皇太子殿下御渡歐記念寫眞帖』[5]は一〇巻からなり、第一巻に収められた緒言には当写真帖の発刊目的として、「殿下のこの御大業を弘く国民に仰がしめ、永く子孫に記念するため、茲《ここ》に殿下御道程の写真帖を刊行することにした」とある。殿下の渡欧を写したこれらの写真帖からは、当時のヨーロッパ文化だけでなく、香港、シンガポールやコロンボなど経由地の様子も知ることができる。

殿下の渡欧を記念した写真帖の発行は、日本国内だけに留まらなかった。太平洋西岸のブリティッシュ・コロンビア州（以下、BC州）を中心に、およそ一・二万人の日本人が居住していたカナダでも写真帖が作成された。この写真帖には「金田之栄」という表題、および「東宮殿下御渡欧記念」と「邦人児童写真帖」と具体的な内容を示す副題が付けられている。これは、当時のカナダで生まれた日本人二世を収めた写真帖で、いわば日本人児童写真帖と位置づけられる。ただし管見の限り、この写真帖は日本の研究・教育機関では所蔵が確認できない。[6]

本稿では、日本で看過されてきたこの写真帖を概説し、その発刊の経緯と収められたカナダ日本人移民二世を紹介する。

II　写真帖を編んだ人びと

BC州最大の都市・バンクーバーにおいて、おもに製材業に従事する日本人や彼らを顧客とする商人によって形成された日本人街は、後にリトル・トーキョーと称された。その一画にあるアレキサンダー街二三〇番の広島屋旅館・佐藤事務所から、『東宮殿下御渡欧記念　金田之栄―邦人児童写真帖―』（以下、『写真帖』）は一九二一（大正一〇）年五月に発行された。この『写真帖』の形態は、縦二〇センチ×横二六センチの横型、右側が紐で綴じられた一九七頁からなる。表紙に続いて、全体に「賜天覧台覧」の大きな文字が写るページをはさみ、「日本資本主義の父」と呼ばれる渋沢栄一の筆による「金田之栄」、そして「四海同胞」と記した添田壽一の書が続く。天保一一（一八四〇）年二月一三日、武蔵国榛沢郡血洗島村（現・埼玉県深谷市血洗島）に生まれた渋沢は、日本の近代産業の発達にあたって指導的な大事業家であった。[7]

そして毛筆による「晩香坡生レ日本人児童写真帖序」が収められている（23頁）。この序文の著者は、当時の貴族院議員・阪谷芳郎である。文久三（一八六三）年、備中国後月郡西江原村（現・岡山県井原市）に生まれた阪谷は、東京帝国大学文学部を卒業後に大蔵省へ入り、その後は政界に転じた。[8] 多くの会社、学校、団体や事業に関与した阪谷が序文の執筆を快諾した理由は、当文に記されている。一九〇八（明治四一）年の欧米視察時に、バンクーバーへ立ち寄った際、添田は後述する発行責任者の佐藤茂平と知り合った。その後の『写真帖』の発刊経過については『阪谷芳郎関係書簡集』[9]に収められている（傍点は筆者、一部は新字体や現代かな遣いに改め、句読点を補った。以下、資料については同じ）。

【資料1】 書簡五三、大正一〇年三月二〇日（三九〇―一）

拝啓　御繋用ノ所奉煩候ガ、ヴァンクーバーにて拝眉の栄ヲ得ラレタル佐藤茂平君、寸時御引見
願意御聴奉願上候、
三月二十日　添田
阪谷男爵閣下
〔封筒裏　阪谷筆〕
十年三月廿日来訪　佐藤茂平・佐藤志朗　蛎殻町一丁目四　バンクーバー生レ
日本児童写真帖　右増田明六ニ紹介シ、渋沢子爵ノ命名ヲ乞ウ

一九二一（大正一〇）年三月二〇日、旧知の添田から阪谷は佐藤茂平と東京在住の息子・志朗を紹介された。そこで、阪谷は彼らに渋沢財団の増田明六を紹介するとともに、渋沢栄一に『写真帖』の命名を依頼したのである。一九〇九（明治四二）年、渋沢は東京、大阪や京都など五商工会議所の代表によって結成された渡米実業団の団長として渡米した。主要都市を歴訪して、現地の実業家との交流を深めた渋沢財団は、帰国後に記念写真帖を発刊していた。[10] 阪谷は、そのノウハウを佐藤に教示するため、経験者の増田を紹介し、そして義父にあたる渋沢に寄稿を依頼したのであろう。

阪谷の序文には、「添田君ハ北米移民ノ発達ニ就テ熱心ノ尽力者ナリ」ともある。大学時代の同級生で、同じ貴族院議員であった添田壽一は、日本人の海外移民政策に積極的であった。元治元（一八六四）年に筑前国遠賀郡島門村（現・福岡県遠賀郡遠賀町）に生れた添田は、明治一七（一八八四）年に東京帝国大学を卒業後、大蔵省を経て金融界に身を投じていた。[11]

序文には、当時のカナダ日本人社会の実態が垣間みられる。例えば、「愚行ヲ慎ミ勤勉ニシテ善ク土地ノ風俗ニ同化スルコトヲカメタリ」には、実直な日本人の素行と現地社会への同化が求められていることが記されている。「今此写真帖ニ載スル所ノ多数児童ハ純然タル加奈太産ノ日本人種ニ属ス　則チ加奈太人ナリ　是レ真ノ大和民族ノ海外発展ナリ余ハ将来益比種ノ加奈太人ノ大ニ増殖シ世界ノ文明ニ貢献」からは、二世がカナダ人としての活躍を期待されていることも記されている。

続いて、活字で収められた佐藤茂平の緒言がある（25頁）。この写真帖の実質的な主催者は、佐藤茂平である。やや長くなるが、当時のカナダ日本人社会の状況も表しているので、その一部を掲載しよう。

【資料2】

我が日本民族が初めて加奈陀に移住しましてから、最早や四十年随分長い歴史を綴りました。（中略）在留同胞の今日は、往年移住の初期とは大いに趣きを異にし、漸やく定住して家庭を成す者甚だ多く、逐年出生の増加は我が民族の将来に取りて最も偉大なる勢力の一であります。

この言文は、一九〇七（明治四〇）年のバンクーバー暴動と、翌年のレミュー協定による日本人の移住が制限されたことを示している。つまり、一八七五（明治八）年に最初のカナダ移住者とされる長崎県口之津（現・長崎県南島原市）出身の永野万蔵以降、多くの日本人がサケ缶詰産業や製材業を中心とする労働者や、鉄道工夫などとしてカナダへ渡った[12]。ところが、日本人の活躍は現地の労働市場をおびやかし、白人の暴動と日本人移民の制限を惹起した[13]。ただし、多くを写真婚とする婚姻による女性の渡加は認められた。それによって一九一〇年代以降、日本人社会では家族の形成と二世の誕生がみられるようになった。つまり、二世の活躍の誇示が、この写真帖の発行目的の一つであったことはまちがいない。

この緒言を記した佐藤茂平については、『加奈陀同胞発展大鑑　附録』[14]に記されている。他の人びとと同様、多少の美辞麗句に続く経歴は次のようである。

【資料3】

廣島縣深安郡引野村出身にして明治三二年晩市に上陸し、當初勞働界に身を置くこと少時、同三四年マーケットアレー街に旅館業を開始し、「廣島屋」と称す。其間諸般の請負事業に着手し、旅館業と相俟つて大に利益を得たるより幾許もなく現在の住所に移転して営業を継続し、宿屋組合理事として牛耳を執りしことあり。またかつて当地在留民中の仏教信徒が寺院建設の必要感じたる際、その発起人の一人として画夜成立に尽瘁《じんすい》したるの結果、同三八年アレキサンダー街に西本願寺派の寺院を創立するを得、佐々木開教使の来任を見るに至りしは、君の本懐を達したると共に、多数信徒の感謝する所なり。以来、同協会幹部として尽瘁《じんすい》するところ尠からず。

この資料から、現在の広島県福山市出身の佐藤茂平は、渡加後に旅館業を営み、その屋号を「広島屋」としたことがわかる。その他、彼はいくつかの職業を歴任し、仏教会や広島県人会の創立にも尽力していた。後半は、以下のように記されている。

【資料4】

君はまた単に同県人会の為めに力を致すのみならず、一般公共的事務を託せらるゝや、殆んど家門を過ぐれども入らずして奔走するを常とせり。かつて日本人倶楽部が同家の楼上に設けられ、現在に至るもなお依然としてその存在を保てるゆえんもまたその不断の斡旋に拠るものにして、（中略）義勇兵記念碑建立寄附募集に当りても同じく奔走の労を惜しまざりき。

日本人社会に献身をいとわなかった佐藤は、第一次世界大戦にカナダ兵として出兵した日本人の慰霊にも尽力している[15]。一九二五（大正一四）年から一九二八（昭和三）年には、バンクーバー日本共立学校の新校舎建設委員会実行委員会、一九三〇（昭和五）年には同校の維持会を務めている。そして、末尾には次の記述がある。

【資料5】
九年九月、予約をもって邦人児童写真帖刊行を計画し、着々歩を進めつゝあり。併せて観光団を率いて、二十年疎隔せる母国を訪はんとす。功成りて、これを故山の父老に告ぐる君の得意や想うべし。

つまり、殿下の渡欧前年にあたる一九二〇（大正九）年から、佐藤茂平はこの刊行を計画していたようである。

Ⅲ 『大陸日報』にみる発刊の経緯

発刊の経過については、当時の日本語新聞『大陸日報』を精査すると具体的に判明する。まず一九二〇年九月四日に、『写真帖』の予約に関する広告が初出する。その後半部分は、以下のようである。

【資料6】 邦人児童写真帖予約（一九二〇年九月四日）
私は今回、在留同胞の花である小供《（ママ）》の写真帖を出版する計画を始めました。兄弟姉妹の如くに親しみあって、発展の道に進むで居る在留同胞の後継者を仲良く一冊に収めて見たいと思います。我々の事業を継承して、之れを完成する十年後の有為な青年の幼な顔を記念する好個の出版物と自信します。装釘は至極気の利いたものにし、印刷も日本で最も鮮明なものを印刷させる手筈になって居ます。そして其中の数冊を天覧に供し、各皇族宮殿下へも献上する筈であります

この広告は、一二月九日までほぼ連続的に紙上に掲載された。興味深いのは、日本で印刷をする準備が整っていたことである。出版計画は、佐藤による母国・日本への訪問団の組織と密接に関わっていたのである。訪問団に関する記事は、『写真帖』の予約広告に先だって『大陸日報』に掲載されている。

【資料7】 佐藤茂平氏と訪問団（一九二〇年七月二三日）
佐藤茂平氏は本年訪問団を組織することとなり、佐藤母国訪問団と称して今回団員募集に着手した。団員は五〇名を減とし、出発は一二月一〇日ヴィクトリア出帆の鹿島丸に依り、帰航は明年三月一日横浜出発の予定。募集締め切りは一一月一五日、団の責任者は佐藤氏と井上博氏との二人と為って居り、事務所はメイン街一〇六（電話シーモア五〇一七）置き、申込所は金融社、加藤靴店、廣島屋旅館の三か所としている。

申し込み先の一つは佐藤の経営する広島屋であり、彼を援助した井上博も広島県安佐郡三入村（現・広島市安佐北区）出身の実業家であった。訪問団の出発まで、先に彼らは『大陸日報』に『写真帖』の予約に関する広告を掲載したのである。

【資料8】 公私往来（一九二〇年一〇月一六日）

カンバーランドに出張せし佐藤茂平、井上博の両氏は昨夜帰バンクーバー

『写真帖』の購入だけでなく、それに収められる写真の出張撮影の予約も受付けられていた。バンクーバー島中央部に位置するカンバーランドをはじめ、しばらくは彼らの出張の記事が掲載された。それらによると、一一月六日にヘネー、翌七日はハモンドなどのバンクーバー西郊、一一月八日以降にはBC州北西岸のオーシャン・フォールズへの出張が繰り返されている。一一月六・七日の出張では、写真師の有門彌太郎の同行が併記されている。一一月二五日の記事は、以下のように具体的に記されている。

【資料9】 児童写真帖と藤原写真師（一九二〇年一一月二五日）

佐藤、井上氏等が刊行せんとする児童写真帖に関し、藤原（周造）写真師は来る二七日午前ポート・ヘネーに赴き、予約者児女の為に撮影を為すべしと

後述するように、『写真帖』に収められた子供たちの居住地に偏向があるのは、必ずしも人口や日本語学校の立地だけでなく、予約の有無と出張撮影によるところが大きい。同行した二名の写真師については、福岡県築上郡西角田村小原（現・福岡県築上郡築上町）出身の有門彌太郎はバンクーバー東カドバ街七四七、岡山県児島郡甲浦村北浦（現・岡山市南区）出身の藤原周造はパウエル街三七九で写真店を営んでいた。[16]

このように掲載される写真が集まりつつあるなか、その提出が遅れるものも少なくなかった。一九二〇年一一月二七日の『大陸日報』には、訪問団員の募集に続いて写真未提出者に対する呼びかけが続く。一二月になって訪問団の出発が近づくと、やや厳しい口調の督促が新聞に掲載される。

【資料10】 児童写真帖に就いて（一九二〇年一二月八日）

佐藤母国訪問団が母国滞在中に刊行せんとする児童写真帖は、応募者もなかなかの多数なるが、なかには写真未送付の向きもあり。佐藤氏等は明夜当地出発のはずにて、それまでに送付間に合わざる向きは、至急、横浜大勢屋旅館宛にて写真を送付ありたしとのことなり

このように、訪問団の出発に間に合わない場合には、横浜の大勢屋旅館に直接写真を送付する旨が記されている。予定通り、一九二〇（大正九）年一二月九日にバンクーバーからビクトリアへ向けて出発した訪問団は、翌一〇日に鹿島丸で日本へ向けて出港した。当日の『大陸日報』には、個別の送付にともなう混乱を避けるためか、各地への出張撮影を請け負った藤原が一括して横浜へ郵送するようになったことが報じられている。

【資料11】 写真帖に就いて（一九二〇年一二月一〇日）

佐藤茂平氏刊行の児童写真帖に関しては、写真未送付の向きは横浜大勢屋旅館に至急送付ありたしとの事なりしが、この計画を変更し、未送の分は藤原写真師にて取りまとめ、日本へ郵送することとしたるに就き、此の際、至急同写真師まで送付ありたしと

以上の経緯を整理すると、日本への訪問団の設立に合わせて、写真帖の発刊が計画されたようである。そして、『大陸日報』紙上へ購入と撮影の予約が掲載され、各地への出張撮影が行われた。しかし、持ち込み写真の提出が遅れた予約者に対しては訪問団の出発までの提出、それが間に合わなかった場合には、写真師による横浜への郵送が行われたのである。

Ⅳ 大江印刷所の諸相

次に、日本における印刷について考察しよう。『写真帖』を印刷したのは大江印刷株式会社で、その製版兼印刷者は大江太である。三田商業研究会『慶應義塾出身名流列傳』[17]には、大江の経歴が記されている。それによると、彼は一八六九（明治二）年に東京都麻布区笄町九四（現・東京都港区西麻布）に、高知県宿毛町（現・高知県宿毛市）出身の大江卓の長男として生まれた。土佐藩士であった父の卓は、一八六八（明治元）年に神戸外国事務所へ出仕し、その後に工部省や神奈川県参事・権令・県令になった。一八七四（明治七）年、大蔵省に勤めた卓は一八七七（明治一〇）年西南戦争に関わって禁固一〇年となるが、一八八五（明治一八）年に特赦を受けた。一八九〇（明治二三）年、岩手県選出議員になった卓は、やがて東京商業会議所副頭、茨城炭鉱株式会社・八重山糖業株式会社などの取締役、さらに東京米穀取引所理事長などを歴任した。

慶應幼稚舎を卒業後、明治学院に入学するが半年で退学した太は、木版彫刻や写真技術に興味を持ち、美術学校のフランス語教師・合田清から西洋木版術を学んだ。美術的に写真銅版より木版の優位性を説いた太は、一八九四（明治二七）年に製版印刷業を創業し、西洋人の雇用や現地へ視察もし、日本で初めて三色版の出版に成功したという。

次に農商務省商工局工務課編纂『工場通覧』[18]から、大江印刷株式会社の変遷をみてみよう。一九〇二（明治三五）年、麹町区内幸町一―三（現・東京都千代田区内幸町）にあったこの印刷所の創業は一八九四（明治二七）年、職工は一六名と記されている。ここは、現在のJR有楽町駅にあたる。先述した『慶應義塾出身名流列傳』には神田での創業とあるが、それは誤認であろう。経年的なこの資料によれば、大江印刷所は一九〇九（明治四二）年に麻布区笄町八一（現・東京都港区西麻布）へ移転、一九一七（大正六）年には株式会社となっている。この理由は、当時、新橋駅止まりであった鉄道院・東海道本線鉄道が北進し、一九一四（大正三）年の東京駅への延伸による立ち退きと考えられる。

『工場通覧』によれば、『写真帖』が印刷されていた一九二〇（大正九）年当時の大江印刷所は、職工一〇九名を有する工場へと発展していた。前述した『慶應義塾出身名流列傳』には「職員五～六〇〇人」とあるが、それは臨時雇用や編集・営業・経理など、他の社員を含めた総数であったと解せよう。なによりも、同資料の業種欄には他の印刷工場にはない「三色版印刷」の記載がある。

規模はさておき、大江印刷所は当時の日本において最も高次な印刷技術を有していたに違いない。
その高次な技術、または写真の到達が遅れたためか、佐藤訪問団の横浜出港時には製本が間に合わなかった。あるいは、前述したように三月二〇日以降の添田から阪谷、そして渋沢への題辞の依頼とその執筆などの諸作業も、その遠因かもしれない。出版の遅延は、同日の『大陸日報』に記されている。

【資料12】 佐藤茂平氏と写真帖（一九二一年五月二〇日）
佐藤茂平氏は団員と共に今朝、帰バンクーバー。児童写真帖は印刷の都合により横浜出帆までに製本できず、次便にて到着の事になって居る。同写真帖には阪谷男爵の序文、渋沢、添田氏等の揮毫も載せられてあるそうだ

『写真帖』の到着が報じられたのは、およそ三週間後の六月一〇日の紙上である。より具体的な記事は、六月一三日の『大陸日報』に記されている。

【資料13】 児童写真帖配送（一九二一年六月一三日）
佐藤茂平氏の編纂した児童写真帖は最近来着した。一昨日辺りから、夫々配送に着手された。東宮殿下御渡欧記念と表装に記し、渋澤子爵、添田博士の題字、阪谷男爵の題辞もあって、予期以上に美装されてあり、却々の好評を得ている

佐藤をめぐる日本・カナダの縁故で、『写真帖』には渋沢栄一による「金田之栄」という命名がなされた。佐藤の記した凡例にあるように、その理由は古語「天之益人《あめのますひと》」にちなんでカナダで日本人が増えていくことを願ったものである（26頁）。それと同時に、彼らの連携は看過できない。つまり、佐藤が持ち込んだ『写真帖』の発刊計画は、海外への日本人移民の送出を推進していた渋沢や添田にとって、絶好の宣伝材料だったのかもしれない。序文や緒言に、「大和民族ノ海外発展ナリ」「将来益比種ノ加奈太人ノ大ニ増殖」など、移民政策の推進とその成功をうかがわせる言葉が散見されるのである。つまり、カナダへの移民は制限されていたものの、政策の重鎮であった渋沢栄一、添田壽一と阪谷芳郎の題辞・序文を収めた極めて重厚な『写真帖』が完成したのである。この『写真帖』の発行は、皇太子殿下の御渡欧を機に、カナダ日本人移民の今後の発展を期待する企画だったと考えられるのである。

Ⅴ　写真帖に写る子供たち

序文や緒言、そして目次に続いて『写真帖』には合計二五九家族・五四六人の子供たちが収められている。当時、BC州で日本人が最も多く居住したのはバンクーバーで、同地の子供たちが写された写真は七八枚（七八家族、以下同じ）である。それに対し、和歌山県出身者を中心にサケ缶詰産業に携わった多くの日本人が居住したスティーブストンでの写真は、わずか一七枚である。その他、この『写真帖』に収められた子供の居住地として製紙業で栄えたオーシャン・フォールズ（二四家

族・三七人）や、イチゴ栽培に多くの日本人が従事したポートヘネー（一六家族・四一人）などがあげられる。『写真帖』に収められた子供の多い地域を順に挙げると、バンクーバー（六六家族・一三二人）、カンバーランド（三九家族・九四人）、スティーブストン（一七家族・四一人）、ポートヘネー、ビクトリア（一〇家族・一八人）である（第1表・第1図）。

この『写真帖』では、大陸本土（メイン・ランド）よりも、ジョージア海峡を挟んだバンクーバー島で活躍する子供たちが主人公のようである。しかも、舞台は州都・ビクトリアではなく、ダンカン、シュメイナスやアルバーニなど日本人が製材業で活躍した集落でもない。また、ナナイモ[19]、そして日本人が開拓したユクルーレットやトフィーノなどの漁村[20]でもない。その理由は、これらの漁村が一九二〇年代以降に、おもにスティーブストンからの移住によって形成されたからである。多く写っているのは、カンバーランドやブリタニアビーチ[21]など鉱山集落の子供たちである。とりわけ、バンクーバー島中央部のカンバーランドについては、全体の約一五％にあたる三九家族・九八人の子供たちが収められているのである。唯一、BC州以外の子供が写っているのは、マニトバ州ウィニペグの広島県出身者である。この偏向については、前述したように『大陸日報』を通じた購入予約と、出張撮影の有無によるところが大きい。そして、スティーブストンに多く在住した和歌山県出身者の掲載が少ない理由は、就学期になった子供を日本に帰し、祖父母のもとから日本の学校に通学させることが一般的であったためであろう。

また、オーシャン・フォールズやポートヘネー、そして詳述するカンバーランドなどでの出張撮影では、椅子やテーブルなどが配された室内で正装して写る、いわゆる記念撮影的なものが多い。それに対して、個別に撮影したと思われる写真には、その家族の様子が垣間見られる。例えば、ビクトリア市ゴージ・パークにおける岸田芳次郎の長男・美春の写真をみると、三輪車に乗る彼の後方にいくつかの盆栽が写る。神奈川県横浜市福富町三丁目（現・横浜市中区）出身の父・芳次郎は、広島県安芸郡仁保島村向灘出身（現・広島市南区）の高田隼人とともに、一九〇七（明治四〇）年にゴージ・パークに日本庭園を開業した。彼は、庭師であった父・伊三郎を呼びよせて日本庭園を造らせ、そこに喫茶室、球戯場、藤棚や盆栽を配置させたのである。ブッチャート・ガーデンやハトリー・パークなど、ビクトリアに四か所の日本庭園を造った伊三郎は、七二歳を迎えた一九一二（大正元）年に帰国している[22]。一九一四（大正三）年に生まれた孫の写真が収められた『写真帖』を、彼は日本で受け取ったのかもしれない。

VI　カンバーランドの日本人

一．カンバーランドへの移民

子供たちが多く写るカンバーランドでは、一九世紀中頃に石炭の採掘が始められた。この炭鉱で日本人が働くようになった経過については、大陸日報社『加奈陀同胞発展史』[23]に以下の記述がある。

【資料14】

我同胞が始めて同鉱山に就働しているは明治二四年一〇月の事にして、其当時、伴新三郎および二ノ宮幾太の両氏は、我神戸移民会社の手を経て百名の移民を同鉱山に伴ひ来れり、超へて

翌年八月にもまた七三名の移民は、日本より渡来して同鉱山に就働せり

この経過については、佐々木敏二の研究に詳しい。[24] 神戸移民会社（後の明治移民会社）によって一八九一（明治二四）年に広島県から一〇〇名、翌年には福岡県から七三名が、カンバーランドのユニオン炭鉱へ出稼ぎに渡った。初年度の渡航者のうち、わずか五、六名しか炭鉱経験者がなく、多くは白人坑夫に教えてもらうものの、英語がわからなかった。そこで、翌年には経験者を集めて、再渡航が企てられたのである。

なお、福岡県で募集した第二期契約移民が神戸港を出航した一ヶ月前、ユニオン炭鉱は石炭の販売不良のため、一時閉山を余儀なくされた。カンバーランドに到着したものの、当地を離れる日本人も多く、残った坑夫は第一・二期渡航者を合わせて七一名であった。炭坑の再開によって、後述する東京移民合資会社による契約移民をはじめ、再びカンバーランドに移る日本人は増加した。一九二〇年頃、カンバーランドにはイタリア人一〇〇人を含む白人五〇〇人、中国人九〇〇人、そして日本人一五〇人が就労していたようである。労働者の妻子を含めると、当地に居住していた日本人は二二〇人を数えたという。

当初、この炭鉱は横六間（約七・八ｍ）、縦二一間（約三七ｍ）の二階建の木造住宅を三棟用意したという。これは中央が吹き抜けで、その両側に四畳半程度の各部屋が設置され、一、二階とも暖炉が置かれた休憩場が設けられていた。坑内作業では、午前七時〜午後三時・午後三時〜午後一一時・午後一一時〜午前七時の八時間三交替制が採られていた。一九一〇（明治四三）年には、晩香坡共立国民学校に続いて、カナダで二番目のカンバーランド日本語学校も設立された。公立の小学校で学んだあと、子供たちはこの学校で日本語を学び、日本の文化を理解したのである。

二．契約移民のリーダー・角口恭一郎

『写真帖』において、カンバーランドで最も多くの子供たちが写されているのは熊本県出身者で、それは一五家族を数える。福岡県から五家族が出ているものの、大分県から二家族、他には大阪府と岡山・山梨県は一家族にすぎない。当県出身者が、どの地域から輩出されたのか『写真帖』からみると、過半数の九家族が玉名郡、続いて菊池郡から三家族、飽託郡・宇土郡・鹿本郡から各一家族が渡加している。

『写真帖』に写る玉名郡出身者の子供たちは二二人を数える。最年長は睦合《むつあい》村出身の西島長久の長女・百合子で、発刊時には七歳であった。最年少者も、彼の四女にあたる八ヶ月の洋子である。留意点として、鍋村扇崎出身の池上又次郎の長男や、腹赤村清原寺からの清野時次の長男は『写真帖』に記名されているものの、掲載された写真には写っていない。年長者になった彼らは、写真帖に収まらなかったのかもしれないが、悲しいかな夭折したとも考えられよう。

玉名郡から九家族、特に鍋村から四家族も『写真帖』に写っている史実は特筆される。これには、東京移民合資会社を通じた日加用達会社による集団的な契約移民の存在がある。[25] その史実を伝えるのが、隊長として渡加した角口泰一郎の手記である。やや長くなるが、親族に残されているその全文を紹介しよう。

【資料15】 日本移民百年について記念するなら準備を

去る二月五日のニューカナデアン誌上に寄せられた高田東洋さんの記事と、中山訊四郎さんの著『加奈陀同胞発展大鑑』の記事と、少し時間的の差はあるとしても、永野万蔵さんが日系人としてカナダへの入国の第一号であったことには及ばない。その後も日本人の密入国は絶えなかった様だ。その後、一九〇七年日加用達会社によって契約移民が上陸した時期を、日系人移民史の始まりとするならば、丁度その時、私共熊本県人六〇名が日加用達会社の手により、カナダ・カンバランドのコールマイン会社と三ヵ年の契約移民として上陸したのは私共でした。

してみると、永野さんの後に密入国者が相当数あったに違いないが、今から六七年昔に正式集団移民の第一号という訳で、日本移民一〇〇年についてこんな事を書いているのも、何かの因縁でもあろう。思い起こせば、私が二四歳の時「カナダ行移民・石炭坑夫の経験ある六〇人至募集」、この広告を見て応募した。石炭坑など見た事もなかったが、応募者はたちどころに締切となった。

熊本の移民社に呼ばれた。初めての契約移民だから良く契約を守って三ヶ年の義務を果たして、その後は各自思いのままだということで。六〇人を三〇人ずつ二組に、第一組を角口に、第二組長に荒木順太さんが任命されて、六月□日多くの家族、その他に見られ汽笛一声熊本を後にした。この一行が横浜に着くまでに私は、我が組合の人名記録を作る。

以上三〇人は、定員六〇人を二分した第一の組・角口、第二の組長・荒木順太さんの受持ちで、私の隣人も多くあるが、余り名を知らない、三昼夜の汽車旅行で横浜に届き、翌日日本の表玄関からカナダという外国に向かって出帆、日本よさよなら、露国貨物船ニンチョ号に乗り込み、埠頭の見えなくなる迄ハンカチをふりながら、潮風に吹かれながら船室に降りるのも忘れて、名残を惜しんだ。

船室では貨物船の事とて□□への寝台を並べて、その中央を娯楽場にさまさまの催しが行われ、それに相撲まではじめられて、その人気は夜になるのが待てぬ様になった。昼は甲板に出、見わたす限りの海原に大魚の跳ねる。また鯨の大群まで、さながら船と競争でもするように時々頭部を浮かし、潮を吹くすざま《（ママ）》し姿を目近に見るなど、昼夜たのしい航海をつづけて、無事にビクトリアに上陸した。

バンクーバーの日本人会会長・山崎寧氏に迎えられて、荒木順太さんと私はある料亭に招待されて御馳走を頂いた。その夜、カナダでの第一夜を大澤旅館で明かし、翌七日一行六〇人はビクトリアよりコモクス港、ユニオンベーの埠頭に上陸し、迎えの汽車でカンバランド着いた時は夜になっていた。電灯もない□□の中に降ろされて迎えの人々に□られて、荒木さんの組は第一号地No.１（三〇人。私は第五号地No.５）へ引き取られたのが一九〇七年の七月でした。

当時のカンバランドはNo.１は早く人が住みた所で、家並もやや整頓して同胞の数も多く、殊に県人・岩浅松太郎氏が大きな商店を営んで居られ、この方の力によって早くから日本語学校まで開校して、児童の教育まで施しておられたが、No.５の方でも子供の数もおいおい学齢に達する時分となり、私が白紙をトジて草紙を作って、「いろはにほへと」や「アイウエオ」を書いて与えたこともありましたが、その中に教育問題に目覚めて、いよいよ領事を介して日本より教師を迎えることになり、初任教師として迎えたのが青木定義校長御夫婦であった。

日本人の在る所、学校は至る所にありましたが、晩香波では大多数の日本人の集まる大都市の事と学校の運営も立派であったに違いないが、カンバランド生徒も僅かに五、六人の所へ、村の役員会にもかけずに、子供を持つ三、四人が領事を通じて日本の文教《（ママ）》省より豊島師範出身の第一号、前記の通り教師の住宅もなければ、校舎とてなき所へ御二人を迎えたので、在住村民の大反対の気勢に、数ある役員の誰もが歓迎の挨拶に立つ者がなく、よんどころなく私が立たされた。そんな空気の中に立った私がどんな挨拶ができたか、何一つとして記憶が残っていない。今考えても汗顔の他はない、そう云う中にも何事もなかったかのように一七、八年もカンバランドに在住なさったのではなかったが、その間一度、私は日本へ帰った。

再びカナダへ戻った時、青木先生も訪日の旅に立たれたが、途中引き返して来られた時であった。二度目に私が訪日して旧知の友人を訪問したのが、その殆んどがこの世の人でなく天国へ、または極楽お浄土への他界の人となってしまっている。人間とは実に果《（ママ）》かないものである。私ども一行六〇名の中に三、四の年長者もあったが、他は殆んど三〇才より一八才位までの血気の若者であって、中には日清戦争・日露戦争出征して勲章をした勇者もあまたあったなかに、僅かに二四才の私が第一組の長と任命され、不思議に命長がらえて多くの先亡者諸氏の御霊を慰め、且つは供養のためにとも思い、拙ない一文を捧げて御遺族皆様の御多幸を祈らせていただきます。

一九七四年二月一二日

角口泰一郎

この資料は、カナダ日本人移民一〇〇周年を記念してTAKATA Toyoによる*Nikkei legacy*[26]において、カンバーランドの項目に活用されたようである。編者は、前述したゴージパークに日本庭園を開業した高田隼人の子供である。なお、同書の編集・出版にも関わる角口の手記、そして記された史実については、別稿で詳細に論じたい。

Ⅶ　研究の還元から歴史の還元へ　―おわりにかえて―

新しい歴史資料の発見によって、研究は進化・深化する。今回の『写真帖』についても、カナダ日本人二世の居住地、そして彼らの父親の出身地について明らかになった。とくに佐藤茂平を中心とする母国訪問を契機に『写真帖』が作成されたこと、その際に海外への移民を奨励する日本の政界・財界との関わりがあったことなど、興味深い史実が明らかになった。

本書では『写真帖』の復刻だけでなく、収められた子供たちについて氏名・父親の氏名・出身地などのデータベースを添えた。それは、検索がしやすいように五十音順に並び替えた。さらに、カナダ日本人移民の子孫をはじめ、日本語の読解が困難な人にも活用できるよう英語でもデータベースを作成し、アルファベット順に並べた。これは、日本人をルーツに持つカナダ人にファミリー・ヒストリーを描く一助となろう。つまり、研究成果を還元するだけではなく、本書は資料の復刻によって歴史を直接的に還元するものである。

もちろん、研究からの還元も続けなければならない。前述した『大陸日報』に掲載された『写真帖』の予約に関する記事には、「十年後の有為な青年の幼な顔を記念する好個の出版物」という未来指向的な一文がある。発刊から一〇年ではなく、およそ二〇年後の一九四一（昭和一六）年に大陸日報社は『在加奈陀邦人々名録』[27]を刊行している。そこには世帯主の氏名・住所・一部は職業が記されている。それだけでなく、通称 *BC Directory*（BC州住所氏名録）を併用すると、日本語資料ではほとんど不明な日本人の職業も判明する。[28]これらの資料を駆使すると、「二〇年後の有為な青年」の姿が明らかになる。例えば一九三〇年代に一部の炭坑が閉鎖されたカンバーランド鉱山から離れた角口恭一郎の子供たちをみると、長男の泰治はウッドフィブル、長女の美代子はバンクーバーへ転じ、新たな世界へと羽ばたいていたのである。戦中の敵性外国人として内陸への強制移動や、戦後におけるトロントを中心とするカナダ東部への移動の前に、すでに戦前に成人となった二世たちは希望を抱いて移動し、就業したことは改めて実証すべきである。かかるアプローチは、今後の課題である。さまざまなアプローチから、本書がカナダ日本人移民史研究の発展に役立てば幸いである。

注

1 日本国際写真通信社編『東宮殿下御渡欧記念写真帖』、一—六二、一九二一。

2 村越三千男編『東宮殿下御渡歐記念寫眞帖』、一—一〇〇、一九二一。

3 平和記念協会・大沢米造『皇太子殿下御渡欧記念写真帖』、一九二一。

4 国際情報社・大日本国民教育会編『皇太子殿下御渡欧記念写真帖』、一—九六、一九二一。

5 大阪毎日新聞社編纂『皇太子殿下御渡歐記念寫眞帖』、一—六三、一九・二一。各巻に三〇枚ずつ写真が収められたこの写真帖は、第一巻は緒言が四月に記され、五月一日の発行、第二巻は六月一〇日に発行されたように渡欧中に撮影された写真が日本に送られ、逐次刊行された。九月三日に殿下が帰着された写真を収めた第一〇巻の発行は九月一〇日である。

6 立命館大学リサーチ・ライブラリーの協力を得て、国会図書館をはじめ、大学、各種図書館や資料館などの蔵書を検索したが、国内では所蔵が確認できなかった。

7 一八六七（慶応三）年、渋沢は後の水戸藩主・徳川昭武に随行し、パリ万国博覧会の見学をはじめ、欧州諸国の実情を見聞した。欧州から帰国した渋沢は、明治政府に招かれて大蔵省に勤めるが、一八七三（明治六）年には同省を辞した。その後、民間経済人として活動する彼は、総監役（後に頭取）となった第一国立銀行を拠点に、株式会社組織による企業の創設・育成に力を入れた。また、渋沢は約六〇〇の教育機関・社会公共事業の支援や、民間外交に尽力した。国史大辞典編集委員会編『国史大辞典　第七巻』、吉川弘文館、六五—六六、一九八六。

8 一九〇六（明治三九）年から三年間、阪谷は西園寺内閣の大蔵大臣を務めた。一九一二（明治四五）年から一九一五（大正四）年まで東京市長を担った彼は、一九一七（大正六）年から一九四一（昭和一六）年には貴族院議員となった。国史大辞典編集委員会編『国史大辞典　第六巻』、吉川弘文館、二六九、一九八五。

9 専修大学編『阪谷芳郎関係書簡集』、芙蓉書房出版、二六九、二〇一三。

10 前掲（7）。

11 台湾銀行設立に際して一八九九（明治三二）年に初代頭取となり、二年後には日本興業銀行設立に参画した添田は、一九〇二（明治三五）年から一九一三（大正二）年まで日本興業銀行の初代総裁となった。この間、一九一二（明治四五）年に日仏銀行の設立に参画した彼は、一九一五（大正四）年九月から翌年一〇月まで鉄道院総裁、一九二五（大正一四）年一月以降には勅選の貴族院議員となった。国史大辞典編集委員会編『国史大辞典　第六巻』、吉川弘文館、二八二、一九八五。

12 森研三・高見弘人『カナダの万蔵物語』、尾鈴山書房、一—三三八、一九七七。

13 和泉真澄「バンクーバー暴動再考—環太平洋の国際動静と日本人移民—」（米山裕・河原典史編『日本人の国際移動と太平洋世界—日系移民の近現代史—』、文理閣、所収）、一四六—一六二、二〇一五。

14 中山訊四郎『加奈陀同胞発展大鑑　附録（上）』、三二五—三二六、一九二二（佐々木敏二・権並恒治編集・解説『カナダ移民史資料　第二巻』、不二出版、三六一—三六二、一九九五）。

15 工藤美代子『黄色い兵士達—第一次世界大戦日系カナダ義勇兵の記録—』、恒文社、一—三三二、一九八三。

16 中山訊四郎『加奈陀同胞発展大鑑 附録（下）』、一三一・二一七、一九二一（佐々木敏二・権並恒治編集・解説『カナダ移民史資料 第二巻』、五一三・五九九、不二出版、一九九五、所収）。

17 三田商業研究会『慶應義塾出身名流列傳』、實業の世界社、二二一―二二二、一九〇九。

18 本稿では、以下の復刻版を縦覧した。『工場通覧』Ⅰ～Ⅷ（明治三五年～大正一〇年）、柏書房、一九八六。

19 河原典史「一九二〇年頃のカナダ・バンクーバー島東岸におけるニシン漁業の漁場利用―調査報告書と古写真から―」、国際常民文化叢書一、一七三―一八四、二〇一三。河原典史「太平洋をめぐるニシンと日本人―第二次大戦以前におけるカナダ西岸の塩ニシン製造業―」（米山裕・河原典史編『日本人の国際移動と太平洋世界―日系移民の近現代史―』、文理閣、所収）、一四六―一六二、二〇一五。河原典史「二〇世紀初頭のカナダ西岸における塩ニシン製造業の歴史地理学的検討―是永・嘉祥家を中心に―」、立命館文学六四五、三五三―三七〇、二〇一六。

20 河原典史「カナダ・バンクーバー島西岸への日本人漁業者の二次移住―クレヨコット・トフィーノ・バムフィールドを中心に―」（米山裕・河原典史編『日系人の経験と国際移動―在外日本人・移民の近現代史』、人文書院、二〇〇七、所収）。河原典史「『前川家コレクション』に見る女性と子供たち―カナダ・バンクーバー島西岸の日本人―」京都民俗二八、一一一―一三〇、二〇一一。

21 河原典史「カナダへ渡った美浜町の人々」（美浜町誌編纂委員会編『ふりかえる美浜（通史）―美浜の歴史・第一巻―』、二一二―二一五、二〇一〇）。

22 河原典史「ビクトリアの球戯とバンクーバーの達磨落とし―二〇世紀初頭のカナダにおける日本庭園の模索―」（マイグレーション研究会編『エスニシティを問いなおす―理論と変容―』、関西学院出版会、二四九―二六五、二〇一二、所収）。

23 大陸日報社『加奈陀同胞発展史』、一八三―一八五、一九〇九（佐々木敏二・権並恒治編集・解説『カナダ移民史資料 第一巻』、不二出版、一〇六―一〇七、一九九五）。

24 佐々木敏二『日本人カナダ移民史』、不二出版、三〇二、一九九九。

25 河原典史「カナダ・ロジャーズ峠における雪崩災害と日本人労働者―忘れられたカナダ日本人移民史―」（吉越昭久編『災害の地理学』、文理閣、所収）、一九三―二一〇、二〇一四。

26 Toyo TAKATA, *Nikkei Legacy : the story of Japanese Canadians from settlement to today*, NC Press , 1983, 176 p.

27 大陸日報社『在加奈陀邦人々名録』、一九四一（佐々木敏二・権並恒治編集・解説『カナダ移民史資料 第六巻』、不二出版、二〇〇〇）。

28 河原典史「カナダ日本人移民史研究における住所氏名録と火災保険図の歴史地理学的活用―ライフヒストリー研究への試的アプローチ―」、移民研究年報二〇、一七―三七、二〇一四。

※ 本文中の参照頁は本書『カナダ日本人移民の子供たち』の頁番号を指している。

第Ⅲ部

資　料

『東宮殿下御渡欧記念・邦人児童写真帖』に収められた子供たち

	保護者氏名	出身県	市・郡	町・村	撮影子供数	続柄	名前	生年月日	年齢	住所	原本頁	
あ	青木　定義	山梨県	南巨摩郡	萬澤村	1	長男	哲夫	1919（大正 8）年10月17日	1	カンバーランド市国民学校	89	
	青木　米吉	神奈川県	足柄上郡	吉田島村	1	長男	為雄	1904（明治37）年 4月10日	16	バンクーバー市アレキサンダー街313	58	
	芦川　助次郎	神奈川県	中郡	大野村八幡	4	長女	一江	1910（明治43）年 7月25日	10	コートネイ	69	
						長男	道之助	1912（大正 1）年 9月 3日	7			
						次男	茂道	1915（大正 4）年 4月29日	5			
						三男	陽之助	1919（大正 8）年 2月 8日	1			
	麻生　富太郎	大分県	大分郡	鶴崎町	2	長男	貞喜	1908（明治41）年 8月13日	12	カンバーランド第7号地	105	
						次男	恒人	1910（明治43）年11月14日	10			
	安倍　春市	愛媛県	西宇和郡	真穴村真網代	1	長男	春雄	1920（大正 9）年 9月11日	0	バンクーバー市パウエル街226	51	
	天野　静一	広島県	沼隈郡	山手村矢田	1	次女	千代子	1919（大正 8）年 6月18日	1	バンクーバー市パウエル街537	35	右
	荒木　種吉	福岡県	三井郡	合川村足穂	1	長男	一郎	1919（大正 8）年 6月 6日	1	ミッション市郵函113	196	右
	有門　弥太郎	福岡県			1	三女	則子	4か月	0	バンクーバー市パウエル街	56	左
い	家入　儀八	熊本県	菊池郡	手城村古城	1	長女	光枝	1905（明治38）年 1月	15	カンバーランド第5号地	74	
	家入　初次	熊本県	菊池郡	平真城村古城	4	長男	猛	1914（大正 3）年10月 9日	6	明記なし	90	
						長女	質江	1917（大正 6）年 3月 5日	3			
						三男	磨	1918（大正 7）年 5月21日	2			
						次男	学	1916（大正 5）年 3月20日	4			
	家本　萬吉	山口県	玖珂郡	桑根村	4	次女	ハル子	1915（大正 4）年 3月13日	5	ポートハモンド	183	
						長男	心一	1917（大正 6）年 4月22日	3			
						三女	フミヱ	1918（大正 7）年11月27日	2			
						四女	ヨシ子	1920（大正 9）年 3月29日	0			
	井口　源左衛門	東京市	日本橋区	坂本町30	1	長女	賢子	1916（大正 5）年 4月	4	バンクーバー市ウォーター街30	6	右
						次女	英代	1920（大正 9）年 5月12日	0			
	池上　作太郎	熊本県	玉名郡	大野村大野下	2	長男	一正	1917（大正 6）年 1月12日	3	カンバーランド第5号地	79	左
						次男	正信	1920（大正 9）年 7月26日	0			
	池上　又次郎	熊本県	玉名郡	鍋村扇崎	3	長男	英和	1916（大正 5）年 7月21日	4	カンバーランド第8号地	73	
						長女	佐和子	1919（大正 8）年 1月31日	1			
						次男	英弘	1916（大正 5）年 7月21日	4			
	池田　三太郎	熊本県	鹿本郡	三玉村上吉田	3	長男	清	1916（大正 5）年 8月14日	4	オーシャンフォールズ	139	
						次男	幸雄	1918（大正 7）年 8月21日	2			
						長女	喜美江	1920（大正 9）年 1月14日	0			
	池田　忠平	福岡県	三井郡	立石村松崎	2	長男	忠利	1919（大正 8）年 3月17日	1	バンクーバー市パウエル街360	55	
						次男	高	1920（大正 9）年 9月10日	0			
	石井　醇一	大阪市	西区	江戸堀南通1丁目	1	長男	日出男	1920（大正 9）年 8月 5日	0	バンクーバー市東カドバ街729	47	
	磯永　秀吉	広島県	佐伯郡	大竹村	1	長女	美智子	1917（大正 6）年 9月29日	3	カンバーランド第6号地	85	
	板倉　鹿蔵	香川県	小豆郡	坂手村	1	長男	巖	1916（大正 5）年10月 3日	4	スティーブストン	117	右
	井手　律	佐賀県	佐賀郡	東川副町徳富	2	長女	—	—	—	バンクーバー市西第13街2176	1	
						長男	—	—	—			
	伊藤　寅吉	静岡県	安倍郡	清水町仲町	1	長男	政雄	1920（大正 9）年 8月31日	0	バンクーバー市ランスダウン街325	61	右
	伊藤　房吉	広島県	安芸郡	矢野町大濱	5	長男	正	1912（大正 1）年11月10日	8	サンドウィック	82	

	保護者氏名	出身県	市・郡	町・村	撮影子供数	続柄	名前	生年月日	年齢	住　　所	原本頁	
						長女	トシエ	1914（大正 3）年 2月10日	6			
						次女	二美江	1915（大正 4）年 3月25日	5			
						三女	壽美江	1916（大正 5）年 7月20日	4			
						次男	馨	1918（大正 7）年 4月 3日	2			
	井上　滋次郎	富山県	富山市	鹿島町60	4	次男	政徳	1908（明治41）年12月 2日	12	バンクーバー市ダンレビー街106	43	
						長女	久子	1920（大正 9）年 1月13日	0			
						三男	政秀	1915（大正 4）年 5月20日	5			
						長男	政兼	1907（明治40）年 5月 1日	13			
	井上　徳市	広島県	安佐郡	三入村下町屋	2	長女	英美子	1920（大正 9）年 9月20日	0	バンクーバー市アレキサンダー街538	23	左
						長男	一美	1918（大正 7）年12月 9日	2		23	右
	井上　讜	神奈川県	愛甲郡	三田村	5	長女	エスタ	1910（明治43）年 5月17日	10	ポートヘネー郵函54	165	
						次女	スズ	1911（明治44）年 3月19日	9			
						三女	マサ	1914（大正 3）年 5月 2日	6			
						四女	ルーフ	1915（大正 4）年10月25日	5			
						長男	神奈雄	1916（大正 5）年 5月24日	4			
	今田　兵市	広島県	佐伯郡	吾市町	2	次男	政雄	1911（明治44）年 2月15日	9	バンクーバー市アレキサンダー街522	48	
						次女	ハルコ	1917（大正 6）年 1月19日	3			
	岩淺　松太郎	広島県	賀茂郡	東志和村	6	長男	巽	—	10	カンバーランド第1号地	108	左
						次男	次男	—	4			
						六女	眞佐子	—	3			
						三女	繁	—	13	カンバーランド	108	右
						四女	貞子	—	8			
						五女	一子	—	6			
	岩崎　健造	静岡県	安倍郡	不二見村駒越	1	長女	富枝	1920（大正 9）年 7月 1日	0	バンクーバー市メイン街225	5	右
	岩崎　留次郎	和歌山県	東牟婁郡	下里村	3	三男	光彦	1920（大正 9）年 7月 8日	0	バンクーバー市ランスダウン街325	61	左
						長男	十八男	1914（大正 3）年 3月 1日	6			
						次男	次男	1916（大正 5）年 4月 2日	4			
	岩波　淳吉	長野県	諏訪郡	下諏訪村久保	2	長女	淳子	1917（大正 6）年12月16日	3	ビクトリア市カモソン街	197	左
						長男	健一	1920（大正 9）年 1月11日	0			
う	上野　律一	広島県	賀茂郡	御薗宇村	1	長女	初美	—	—	バンクーバー市パウエル街582	57	左
	上村　市次郎	福岡県	朝倉郡	三奈木村荷原	1	長女	千鶴子	1919（大正 8）年 9月 6日	1	ミッション市郵函61	152	右
	宇田　郁	静岡県	賀茂郡	南中村上賀茂	1	長女	ゆき子	1920（大正 9）年 1月 4日	0	スティーブストン郵函185	124	左
	内山　健六	福岡県	築上郡	椎田町	1	長女	律子	1912（明治45）年 3月20日	8	ロイストン	71	
	宇都宮　藤太郎	愛媛県	東宇和郡	横林村横林	2	四男	保	1919（大正 8）年 1月 9日	1	オーシャンフォールズ	135	左
						次女	年子	1916（大正 5）年10月14日	4		135	右
	宇津宮　恵美吉	愛媛県	東宇和郡	横林村横林	2	長男	勇	1920（大正 9）年 8月16日	0	オーシャンフォールズ	141	
						長女	照子	1919（大正 8）年 2月 9日	1			
	宇野　徳右衛門	滋賀県	愛知郡	秦川村北蚊野	1	長男	茂夫	1919（大正 8）年 4月 8日	1	カンバーランド第7号地	87	左
え	江崎　松助	和歌山県	東牟婁郡	下里村下里	1	三男	寛明	1919（大正 8）年 7月12日	1	スティーブストン郵函172	124	右
	榎本　真佐彦	和歌山県	東牟婁郡	新宮町	1	長女	加奈	1919（大正 8）年12月 1日	1	バンクーバー市ランスダウン街325	38	左

	保護者氏名	出身県	市・郡	町・村	撮影子供数	続柄	名前	生年月日	年齢	住　　所	原本頁	
お	大池　鶴市	福岡県	築上郡	築城村弓ノ師	3	長女	恵美子	1914（大正 3）年 9月14日	6	バンクーバー市パウエル街391	40	
						次女	辰子	1916（大正 5）年 2月15日	4			
						三女	信代	1918（大正 7）年 4月15日	2			
	大池　久助	福岡県	企救郡	松が江村吉志	3	三男	英一	1918（大正 7）年 7月31日	2	ポートハモンド郵函79	163	左
						二男	賢	1915（大正 4）年 7月17日	5			
	大音　徳三郎	福岡県	嘉穂郡	大隈町井ノ隈	2	次男	猛夫	11歳6ヶ月	—	ポートヘネー	177	
						長女	静	7歳3ヶ月	—			
	大野　健蔵	広島県	広島市	江波町	1	長男	正治	1919（大正 8）年 1月 2日	1	ミッション市郵函127	150	左
	大橋　清太郎	滋賀県	犬上郡	日夏村	1	長男	武雄	—	—	バーノン・ウッドレーキ	114	右
	大畑　柳市	広島県	高田郡	可愛村中馬	2	長男	登	1915（大正 4）年12月13日	5	バンクーバー市パウエル街165	14	右
						長女	正子	1912（大正 1）年 8月 1日	8			
	大淵　市蔵	福岡県	八女郡	矢部村矢部	1	長男	正敏	1920（大正 9）年 7月 7日	0	バンクーバー市アレキサンダー街666	31	右
	大山　喜太郎	熊本県	八代郡	龍峯村東川田	1	長女	八千代	1917（大正 6）年 7月 3日	3	オーシャンフォールズ	133	
	岡崎　信太郎	岡山県	御津郡	馬屋上村田原	2	長男	勝昌	1917（大正 6）年 6月14日	3	カンバーランド第5号地	195	
						次男	昌利	1920（大正 9）年 1月30日	0			
	岡崎　増蔵	山口県	大島郡	安下庄町源町	1	次女	八栄子	1918（大正 7）年 5月 1日	2	バンクーバー市ランスダウン街130	57	右
	岡野　茂三郎	広島県	御調郡	田熊村	3	長女	春子	1913（大正 2）年 2月27日	7	スティーブストン郵函55	116	左
						次女	多鶴子	1919（大正 8）年 1月26日	1			
	岡野　茂三郎					長男	一雄	1912（明治45）年 1月 2日	8			
	岡部　傳次郎	神奈川県	中郡	西泰野村千村	2	長男	英	1918（大正 7）年 6月28日	2	ミッション市郵函129	155	
						次男	保	1920（大正 9）年 3月 3日	0			
	岡村　重次	高知県	高岡郡	新荘村安和	1	長男	敏男	1920（大正 9）年 7月28日	0	オーシャンフォールズ	130	
	小川　篤三郎	福岡県	築上郡	千束村塔田	1	長男	豊	1920（大正 9）年10月 2日	0	ミッション市郵函128	170	左
	小川　琢磨	千葉県	君津郡	飯野村下飯野	2	長女	明子	1917（大正 6）年11月 3日	3	オーシャンフォールズ	138	
						二女	英子	1919（大正 8）年 8月23日	1			
	小川　寅蔵	和歌山県	有田郡	湯浅町新屋敷	1	長男	潔	—	—	バンクーバー市パウエル街228	24	
	沖信　小太郎	広島県	広島市	空鞘町	1	長男	春男	1919（大正 8）年 2月12日	1	バンクーバー市東カドバ街70	66	左
	奥田　嘉作	広島県	加茂郡	東志和村内	2	長男	博	1914（大正 3）年11月23日	6	カンバーランド第1号地	101	右
						次男	清	1916（大正 5）年 4月 9日	4			
	尾座本　茂六	福岡県	築上郡	椎田町高塚	1	次女	美智子	1917（大正 6）年 5月 9日	3	ポートヘネー	160	左
	小野　諸平	岡山県	児島郡	東輿除村東疇	3	四男	康弘	1915（大正 4）年10月	5	イーバン・アクミキャナリー	158	
						二女	美登	1919（大正 8）年 2月	1			
						長女	政子	1917（大正 6）年 6月	3			
	小野　徳太郎	神奈川県	足柄上郡	吉田島村	2	長女	タツ子	1916（大正 5）年 1月 4日	4	ミッション市郵函134	147	右
						次男	清	1918（大正 7）年 3月16日	2			
か	海田　祐一	山口県	玖珂郡	新庄村	1	長女	園江	1917（大正 6）年 9月30日	3	ピットメドウズ	161	右
	海田　隆二	山口県	玖珂郡	新庄村	1	長女	夢	1919（大正 8）年 2月10日	1	ピットメドウズ	161	右
	花月　栄吉	和歌山県	日高郡	湯川村財部	5	長男	甫	1918（大正 7）年11月15日	2	バンクーバー市東カドバ街37	29	
						四女	孝子	1920（大正 9）年 2月27日	0			
						長女	英子	1912（大正 1）年10月20日	8			

	保護者氏名	出身県	市・郡	町・村	撮影子供数	続柄	名前	生年月日	年齢	住所	原本頁	
						二女	榮子	1915（大正 4）年 1月19日	5			
						三女	君代	1917（大正 6）年 5月 7日	3			
	梶山　市松	広島県	安芸郡	海田市町新町	2	長男	肇	1904（明治36）年 1月27日	17	カンバーランド第1号地	75	
						次男	利男	1906（明治39）年 9月20日	14			
	加藤　寅助	広島県	安芸郡	海田市町新町	4	長男	齋	1912（明治45）年 4月10日	8	カンバーランド第5号地	88	
						次男	義輝	1918（大正 7）年 4月25日	2			
						長女	白美	1914（大正 3）年 4月20日	6			
						次女	静枝	1920（大正 9）年 4月 4日	0			
	角口　泰一郎	熊本県	玉名郡	鍋村礒鍋	2	長男	泰治	1916（大正 5）年 5月28日	4	カンバーランド第5号地	93	
						長女	美代子	1920（大正 9）年 1月 4日	0			
	角谷　源市	和歌山県	海草郡	松江村	2	長男	潔	1917（大正 6）年 2月11日	3	ブリタニアビーチ	163	右
						長女	米子	1919（大正 8）年 5月 4日	1			
	門脇　勝樹	高知県	吾川郡	弘岡下ノ村大津	1	長男	忠	1920（大正 9）年 6月 2日	0	バンクーバー市パウエル街358	46	
	鎌倉　季雄	長野県	東筑摩郡	松本村友島	3	次女	一美	1916（大正 5）年 5月29日	4	ビクトリア市フォート街831	197	右
						長女	千槇	1914（大正 3）年11月18日	6			
						長男	寛	1918（大正 7）年 3月 8日	2			
	鎌田　安雄	福岡県	糸島郡	小富士村御床	1	長女	智恵子	1919（大正 8）年 7月22日	1	バンクーバー市パウエル街250	11	
	唐津　尚一	香川県	丸亀市	津森	2	長女	綾子	1915（大正 4）年10月30日	5	スティーブストン郵函164	123	左
						次女	ヒサノ	1919（大正 8）年 8月18日	1			
	河口　幾太郎	広島県	安佐郡	深川村下深川	6	長男	繁夫	1909（明治42）年 5月 5日	11	カンバーランド第5号地	65	
						次男	義雄	1911（明治44）年10月31日	9			
						三男	武	1913（大正 2）年 9月22日	7			
						四男	進	1915（大正 4）年 5月17日	5			
						五男	博	1917（大正 6）年10月19日	3			
						六男	哲雄	1919（大正 8）年 3月26日	1			
き	貴家　綱吉	山梨県	南都留郡	大石村	2	長女	シズ子	1918（大正 7）年 9月20日	2	ポートヘネー郵函11	189	
						次女	久代	1920（大正 9）年 2月27日	0			
	岸内　茂市	香川県	香川郡	雌雄島女木島	2	長男	茂	1917（大正 6）年10月30日	3	スティーブストン	115	右
						次男	道夫	1920（大正 9）年10月30日	0			
	岸田　芳次郎	神奈川県	横浜市	福富町3丁目	1	長男	美春	1914（大正 3）年 4月24日	6	ビクトリア市ゴージパーク	111	左
	岸本　勇吉	広島県	佐伯郡	木野村	4	長女	ハルエ	1914（大正 3）年 3月 3日	6	コートネイ	194	
						長男	勇市	1915（大正 4）年 5月10日	5			
						次男	清吉	1916（大正 5）年10月28日	4			
						三男	光夫	1918（大正 7）年 4月	2			
	北川　惣兵衛	滋賀県	犬上郡	福満村小泉	3	四男	宗四郎	1914（大正 3）年 8月11日	6	バンクーバー市西カドバ街63	37	
						五男	五十二	1918（大正 7）年 6月12日	2			
						長女	キミエ	1920（大正 9）年 8月31日	0			
	喜多川　久祐	愛媛県	松山市	柳井町89	1	長男	久春	1920（大正 9）年 4月20日	0	バンクーバー市パウエル街218	60	右
	北川　松次	広島県	佐伯郡	平良村	2	長男	寄夫	1918（大正 7）年 4月22日	2	バンクーバー市メイン街335	30	右
						長女	和子	1920（大正 9）年 1月21日	0			

	保護者氏名	出身県	市・郡	町・村	撮影子供数	続柄	名前	生年月日	年齢	住　　所	原本頁	
	木原　辰次	熊本県	飽託郡	河内村河内	3	長女	メク	—	—	バンクーバー市パウエル街235	13	左
						次女	春枝	—	—			
						三女	久枝	—	—			
	木村　恒作	熊本県	玉名郡	鍋村扇崎	2	長男	恒義	1917（大正 6）年10月29日	3	ロイストン	92	
						長女	よしの	1919（大正 8）年12月10日	1			
	木本　亀次郎	福岡県	築上郡	椎田町港	6	三男	勉	1915（大正 4）年10月15日	5	スティーブストン	122	
						次女	幹子	1918（大正 7）年 6月13日	2			
						長女	一枝	1909（明治42）年 6月13日	11			
						四男	亀雄	1920（大正 9）年 7月 2日	0			
						長男	春雄	1911（明治44）年 6月18日	9			
						次男	正信	1914（大正 3）年 4月22日	6			
	木本　継松	熊本県	玉名郡	花簇村日平	2	長女	辰枝	1916（大正 5）年 1月 3日	4	バンクーバー市アレキサンダー街230	67	左
						長男	利夫	1919（大正 8）年 2月20日	1			
	清野　時次	熊本県	玉名郡	腹赤村清原寺	2	長女	キヨ子	1917（大正 6）年 2月16日	3	カンバーランド第1号地	101	左
						長男	茂	1914（大正 3）年11月21日	6			
く	楠本　楠太郎	広島県	安芸郡	大屋村東	1	長男	貢	1920（大正 9）年 8月11日	0	ビクトリア市カモソン街1438	151	右
	工藤　實	広島県	高田郡	有保村有留	1	長女	春美	1920（大正 9）年 1月 9日	0	ミッション市郵函55	196	左
	久保田　庄次郎	広島県	安芸郡	久野村久保田	1	長女	リエ	1919（大正 8）年 8月 6日	1	サンドウィック	76	
	倉本　傳次郎	和歌山県	東牟婁郡	下里村下里	3	長男	勳治	1915（大正 4）年 2月26日	5	スティーブストン郵函172	118	
						次男	富之	1919（大正 8）年 9月12日	1			
						長女	かず子	1917（大正 6）年11月16日	3			
	栗田　荘太郎	広島県	広島市	千田町1丁目	2	長男	敏夫	1907（明治40）年 5月20日	13	ポートヘネー	176	
						長女	フジエ	1913（大正 2）年 7月 4日	7			
け	釼持　儀三郎	神奈川県	足柄下郡	足柄村新屋	3	長女	優美子	1916（大正 5）年 3月23日	4	ブリタニアビーチ	190	
						長男	瑞彦	1918（大正 7）年 3月15日	2			
						次男	大伸	1920（大正 9）年 1月 7日	0			
	剣持　俊吉	神奈川県	足柄上郡	桜井村曾比	1	長女	タヱ子	1919（大正 8）年 7月 7日	1	バンクーバー市ダフリン街173	7	右
こ	行比　紋平	福岡県	京都郡	中津郡松原	1	長女	キヨミ	1919（大正 8）年10月13日	1	カンバーランド第1号地	77	
	小早川　護一	広島県	加茂郡	造賀村天田	3	長男	正雄	1898（明治31）年 4月10日	22	コートネイ	192	左
						長女	佐賀美	1904（明治37）年 4月25日	16			
						次男	勇	1901（明治34）年 3月16日	19		192	右
	古武家　伊作	広島県	安芸郡	温品村	1	長男	勇	1912（大正 1）年	8	ミッション市	153	左
	小宮　吉蔵	神奈川県	足柄上郡	山田村	2	長男	吉次	1918（大正 7）年 1月 2日	2	ブリタニアビーチ	172	左
						長女	房子	1919（大正 8）年 8月 9日	1			
	小柳　喜一	福岡県	三池郡	三川町三里	1	長男	喜代利	1918（大正 7）年 6月 6日	2	テラノーバー	180	左
	小柳　佐市郎	福岡県	三池郡	三川町三里	3	長女	トシ子	1915（大正 4）年 3月 4日	5	バンクーバー市東カドバ街332	33	
						次男	伊佐男	1917（大正 6）年 9月 4日	3			
						次女	久代	1919（大正 8）年10月 8日	1			
	小柳　作松	福岡県	三池郡	三川町三里	2	長女	鈴美	1916（大正 5）年 6月 8日	4	イーバン・アクミキャナリー	22	右
						長男	亘	1920（大正 9）年 9月12日	0			

	保護者氏名	出身県	市・郡	町・村	撮影子供数	続柄	名前	生年月日	年齢	住　　所	原本頁	
	小柳　忠造	福岡県	三池郡	三川町三里	4	次男	忠利	1915（大正 4）年 8月13日	5	テラノーバーキャナリー	64	
						三男	利誠	1919（大正 8）年 3月 3日	1			
						長女	富枝	1916（大正 5）年 8月19日	4			
						長男	利信	1920（大正 9）年 8月26日	0			
	小柳　長松	福岡県	三池郡	三川町三里	3	長女	一枝	1914（大正 3）年11月 8日	6	イーバン・アクミキャナリー	159	
						二女	登美子	1916（大正 5）年 6月 6日	4			
						長男	政美	1918（大正 7）年10月11日	2			
	小柳　藤太郎	福岡県	三池郡	三川町三里	3	長女	松代	—	—	テラノーバー	62	
						次女	一枝	—	—			
						次男	行男	—	—			
	近藤　福松	愛媛県	新居郡	高津村宇高	2	次女	忠子	1920（大正 9）年 7月 7日	0	バンクーバー市パウエル街391	12	左
						長女	金美	1916（大正 5）年 7月25日	4		12	右
さ	斎藤　幸平	東京府下	豊多摩郡	淀橋町柏木	3	長女	辰恵	1916（大正 5）年 6月 2日	4	バンクーバー市パウエル街578	52	
						次女	二三子	1917（大正 6）年12月27日	3			
						長男	直利	1919（大正 8）年 9月23日	1			
	坂田　満徳	熊本県	宇土郡	轟村宮庄	3	長男	満幸	1915（大正 4）年 3月13日	5	カンバーランド第7号地	83	
						長女	愛子	1917（大正 6）年 5月 2日	3			
						次男	武雄	1919（大正 8）年12月25日	1			
	左近　文次郎	鳥取県	西伯郡	余子村竹内	1	ー	ー	—	—	ミッション市郵函73	146	左
	定房　平蔵	福岡県	京都郡	黒田村黒田	1	長男	眞米	1919（大正 8）年 9月14日	1	カンバーランド第1号地	100	左
	佐藤　秋三郎	群馬県	群馬郡	長尾村横堀	1	長男	良雄	1918（大正 7）年10月31日	2	オーシャンフォールズ	143	左
	佐藤　茂平	広島県	深安郡	引野村862	4	次男	茂	1909（明治42）年 4月13日	11	バンクーバー市アレキサンダー街230	42	
						次女	志津子	1905（明治38）年11月17日	15			
						三女	美枝子	1918（大正 7）年 5月28日	2			
						孫	文子	1920（大正 9）年 4月 5日	0			
	寒川　芳楠	和歌山県	海草郡	木ノ本村小屋	1	長男	繁実	1918（大正 7）年 5月24日	2	スティーブストン	117	左
	澤山　権蔵	静岡県	安部郡	久能村根古屋	1	長男	孝	1919（大正 8）年11月18日	1	ポートハモンド	175	
し	重松　常太郎	福岡県	三井郡	大垣村三川	1	二女	ナル	1917（大正 6）年 6月 1日	3	スコーミッシュ	145	左
	重松　森吉	福岡県	三井郡	大堰村三川	5	長男	朴	1909（明治42）年 9月21日	11	バンクーバー市ゴーア街124	18	
						次男	親男	1910（明治43）年11月16日	10			
						三男	幸利	1915（大正 4）年 7月	5			
						四男	義弘	1920（大正 9）年 4月 6日	0		19	
						長女	澄子	1918（大正 7）年 3月28日	2			
	篠原　萬蔵	熊本県	下益城郡	砥用村清水	1	五男	捨雄	1910（明治43）年 1月 8日	10	ポートヘネー	173	右
	信夫　三郎	宮城県	登米郡	石森町79	1	長男	英一	1918（大正 7）年 9月26日	2	バンクーバー市ゴーア街139	8	
	志風　嘉右衛門	鹿児島県	川辺郡	加世田町内山田	3	長女	幸子	1920（大正 9）年 1月22日	0	ミッション市郵函312	151	左
						長男	忠雄	1917（大正 6）年 4月30日	3			
						次男	博徳	1918（大正 7）年 5月27日	2			
	志風　仁次郎	鹿児島県	川辺郡	加世田町内山田	2	長女	トシ	1918（大正 7）年 5月11日	2	ミッション市郵函151	147	左
						長男	義雄	1915（大正 4）年 6月26日	5			

	保護者氏名	出身県	市・郡	町・村	撮影子供数	続柄	名前	生年月日	年齢	住　　所	原本頁	
	渋谷　その	神奈川県	横浜市	不老町1丁目	1	長男	清	1911（明治44）年 2月19日	9	バンクーバー市パウエル街378	15	右
	下田　条次	広島県	安佐郡	伴村松宗	3	次女	芳子	1918（大正 7）年 5月	2	ミッション市郵函40	153	右
						次男	貞雄	1914（大正 3）年 3月	6			
						三女	ミサオ	1920（大正 9）年 5月	0			
	下高原　幸蔵	鹿児島県	指宿郡	指宿村拾二町	2	長男	信一	1918（大正 7）年 3月 5日	2	バンクーバー市西第10街1245	3	
						次男	襄	1920（大正 9）年 8月17日	0			
	正野　彦蔵	福岡県	築上郡	葛城村水原	1	長女	マツエ	1917（大正 6）年 9月 8日	3	ミッション市郵函128	152	左
	白石　数市	愛媛県	温泉郡		1	長女	キミ子	1910（明治43）年 5月10日	10	バンクーバー市アレキサンダー街354	16	
	新谷　太蔵	宮崎県	南那珂郡	市木村小持田	1	長女	初子	1919（大正 8）年 9月 8日	1	バンクーバー市パウエル街356	35	左
す	須貝　謙佶	新潟県	岩船郡	女川村高田	3	長男	武	1916（大正 5）年 2月 2日	4	オーシャンフォールズ	143	右
						次男	楠	1917（大正 6）年 7月22日	3			
						長女	スミ子	1920（大正 9）年 2月 1日	0			
	杉崎　惣右衛門	神奈川県	中郡	吾妻村梅沢	1	長女	富恵	1920（大正 9）年 2月25日	0	バンクーバー市キイファ街560	60	左
	杉田　又次郎	神奈川県	足柄上郡	松田町	2	長女	文子	1910（明治43）年11月31日	10	バンクーバー市アレキサンダー街414	34	右
						次女	まさ江	1912（大正 1）年12月15日	8			
	杉野森　増太郎	広島県	安芸郡	府中村山田	4	長女	榮代	1909（明治42）年 3月 8日	11	カンバーランド第5号地	78	左
						次女	房江	1910（明治43）年 9月25日	10			
						長男	等	1912（明治45）年 6月10日	8			
						三女	千代子	1914（大正 3）年12月25日	6			
	鈴木　周蔵	神奈川県	鎌倉郡	川口村	1	長女	喜美代	1916（大正 5）年 5月 1日	4	バンクーバー市パウエル街132半	31	左
	鈴木　為三郎	神奈川県	鎌倉郡	川口村片瀬	1	長男	進	1919（大正 8）年 5月 9日	1	バンクーバー市東カドバ街372	45	
	砂田　直太郎	広島県	安佐郡	鈴張村	3	長女	綾子	1914（大正 3）年 7月19日	6	バンクーバー市アレキサンダー街433	26	左
						長男	賢一	1915（大正 4）年 8月16日	5			
						二女	秀子	1919（大正 8）年 2月28日	1			
	住田　為次	広島県	安佐郡	鈴張村	2	長男	勝美	1916（大正 5）年 1月 1日	4	マニトバ州ウィニペグ市	113	
						次男	正義	1917（大正 6）年 6月 8日	3			
せ	関根　豊次郎	神奈川県	高座郡	藤沢町宿庭	2	長男	鐘一	1916（大正 5）年 9月10日	4	バンクーバー市パウエル街230	9	
						長女	恵美子	1919（大正 8）年 9月21日	1			
	関根　ナカ	千葉県	東葛飾郡	木間ケ瀬村岡田	5	長女	定枝	1900（明治33）年 2月	20	バンクーバー市パウエル街355	49	
						次女	春子	1903（明治36）年 1月	17			
						三女	美代	1908（明治41）年 2月	12			
						四女	芳子	1912（大正 1）年12月	8			
						四男	虎之助	1914（大正 3）年 6月	6			
	瀬戸　益太郎	神奈川県	足利上郡	酒田村金井島	2	長男	進	1918（大正 7）年 6月27日	2	ポートハモンド	172	右
						次男	勇	1920（大正 9）年 6月15日	0			
	千田　嘉一	岡山県	都窪郡	庄村矢部	4	長女	初江	1915（大正 4）年 1月20日	5	ミッション市	156	
						長男	博	1916（大正 5）年 7月 7日	4			
						次男	巍	1918（大正 7）年 6月22日	2			
						三男	光四	1920（大正 9）年 3月 6日	0			
そ	曾良　吉三	広島県	佐伯郡	小方村小方	2	長男	勝	1914（大正 3）年12月28日	6	カンバーランド第5号地	87	右

	保護者氏名	出身県	市・郡	町・村	撮影子供数	続柄	名前	生年月日	年齢	住所	原本頁	
						次男	喜三	1916（大正 5）年10月21日	4			
た	高井　信吉	和歌山県	海草郡	松江村	2	長男	幸雄	1917（大正 6）年 3月 7日	3	スティーブストン	115	左
						次男	延雄	1919（大正 8）年10月17日	1			
	隆田　房吉	広島県	安佐郡	安村中津853	1	長男	文雄	1920（大正 9）年 7月17日	0	バンクーバー市パウエル街231	14	左
	高橋　菊助	静岡県	賀茂郡	南上村下小野	3	次男	義雄	—	—	バンクーバー市パウエル街396	26	右
						五女	春子	—	—			
						三男	條治	—	—			
	高橋　幸一	滋賀県	犬上郡	久徳村月之木	2	次女	よし子	1914（大正 3）年 9月28日	6	ブリタニアビーチ	191	
						長男	健太郎	1917（大正 6）年 3月 4日	3			
	高橋　孫佐	福井県	三方郡	山東村北田	1	長男	壽夫	19　（大正　）年 6月15日	—	オーシャンフォールズ	142	
	高比良　寅一	長崎県	東彼杵郡	大村下久原	2	長女	瀧子	1918（大正 7）年12月 1日	2	オーシャンフォールズ	129	
						長男	憲三	1917（大正 6）年 2月15日	5			
	瀧下　徳次郎	福岡県	嘉穂郡	足白村椎ノ木	3	長女	サツ子	1914（大正 3）年 7月27日	6	ポートヘネー	162	左
						長男	勇	1918（大正 7）年 9月 8日	2			
						次女	利子	1920（大正 9）年 6月10日	0			
	辰巳　清吉	滋賀県	犬上郡	亀山村清崎	2	長女	房江	1918（大正 7）年 4月12日	2	コートネイ	91	
						長男	清	1919（大正 8）年 7月10日	1			
	建石　留彦	和歌山県	東牟婁郡	宇久井村狗子之川	2	長男	正彦	1916（大正 5）年 1月18日	4	ロイストン	104	
						次男	春彦	1918（大正 7）年 2月13日	2			
	田中　三郎	山口県	玖珂郡	高森村大柿	1	長男	定男	1919（大正 8）年10月30日	1	バンクーバー市メイン街225	54	
	田ノ上　十太郎	熊本県	飽託郡	小島町	1	長男	重雄	1909（明治42）年 4月23日	11	シュメイナス	110	右
	田端　力松	大阪市	南区	天王寺北河堀町2425	1	三女	英子	1916（大正 5）年12月	4	バンクーバー市アレキサンダー街526	20	
	田原　林蔵	高知県	高岡郡	高岡町天ノ崎	2	三女	トシ子	1919（大正 8）年 1月 4日	1	ミッション市郵函295	146	右
						二女	シヅ	1917（大正 6）年 1月 3日	3			
	爲本　錠助	香川県	香川郡	雌雄島村女木島	3	次女	文枝	1915（大正 4）年11月21日	5	スティーブストン郵函164	120	
						長女	静子	1909（明治42）年11月 3日	11			
						長男	鉄雄	1913（大正 2）年 7月 9日	7			
つ	土田　嘉次郎	滋賀県	犬上郡	多賀村土田	3	長男	敏雄	1914（大正 3）年12月18日	6	バンクーバー市アレキサンダー街620	56	右
						長女	政子	1917（大正 6）年 1月23日	3			
						次女	春子	1919（大正 8）年 2月27日	1			
	鶴岡　政雄	熊本県	玉名郡	鍋村磯鍋	1	長女	英子	1918（大正 7）年 2月 2日	2	カンバーランド第5号地	67	右
	鶴留　静男	鹿児島県	川辺郡	知覧村瀬世	1	長男	実秋	1918（大正 7）年12月12日	2	オーシャンフォールズ	132	
て	寺西　長之助	和歌山県	日高郡	三尾村	2	長女	キクエ	1915（大正 4）年11月14日	5	スティーブストン郵函438	121	
						長男	巳之助	1917（大正 6）年12月14日	3			
と	土井　馬太郎	広島県	安芸郡	海田市町新町	5	長男	建市	1902（明治35）年 3月10日	18	カンバーランド第5号地	97	
						四女	シマヨ	1906（明治39）年 7月 3日	14			
						三男	忠	1909（明治42）年 3月 1日	11			
						四男	忠雄	1911（明治44）年 3月21日	9			
						五女	照子	1913（大正 2）年 4月15日	7			
	外川猪之助	和歌山県	日高郡	比井崎村小浦	4	長男	寅男	1914（大正 3）年 2月22日	6	バンクーバー市東カドバ街472	36	

	保護者氏名	出身県	市・郡	町・村	撮影子供数	続柄	名前	生年月日	年齢	住　　所	原本頁	
						次男	實	1915（大正 4）年 1月18日	5			
						長女	久子	1916（大正 5）年 7月22日	4			
						次女	春野	1919（大正 8）年 2月22日	1			
な	永井　正一	広島県	御調郡	向島西村干汐	3	長男	政義	1914（大正 3）年	6	ウエベストコーナー	157	
						次男	春行	1916（大正 5）年	4			
						長女	八重子	1918（大正 7）年	2			
	永井　光之助	広島県	御調郡	向島村	1	長女	美津枝	1917（大正 6）年11月29日	3	ビクトリア市ジョーソン街562	110	左
	中内　安太郎	福岡県	築上郡	葛城村岩丸	1	長女	花枝	1918（大正 7）年 8月10日	2	ポートヘネー	184	左
	長尾　廉一	鳥取県	東伯郡	泊村	1	長男	正美	1920（大正 9）年 1月 3日	0	ビクトリア市ダクラス街	160	右
	中岡　宇一	広島県	比婆郡	庄原町大久保	2	長男	一郎	1915（大正 4）年 9月20日	5	オーシャンフォールズ	128	
						長女	幸枝	1918（大正 7）年 7月 1日	2			
	中川　彌五郎	和歌山県	海草郡	木ノ本村小屋	2	長女	文江	1916（大正 5）年 2月 1日	4	スティーブストン郵函437	125	左
						次女	澄子	1918（大正 7）年11月11日	2			
	中島　禎造	広島県	広島市	江波町	2	次男	民尊	1919（大正 8）年11月 4日	1	ミッション市	154	
						長男	公明	1918（大正 7）年 3月 1日	2			
	中島　光雄	広島県	双三郡	三次住吉町	1	長男	定雄	1920（大正 9）年 2月10日	0	オーシャンフォールズ	145	右
	中島　儀一	広島県	佐伯郡	五日市町	1	次男	実	1916（大正 5）年 1月20日	4	シュメイナス	109	右
	永田　兼一	鹿児島県	肝属郡	垂水村本城	2	長男	兼雄	1916（大正 5）年12月12日	4	バンクーバー市パウエル街242	22	左
						次男	操	1918（大正 7）年12月25日	2			
	中鶴　修	大分県	大分市	勢家町	2	長男	詮夫	1917（大正 6）年 1月 1日	4	バンクーバー市アレキサンダー街410	4	左
						長女	俊子	1918（大正 7）年 6月30日	2			
	中野　梅松	広島県	佐伯郡	小方村小方	6	長男	昇	1905（明治38）年 2月20日	15	カンバーランド第5号地	96	
						次男	勉	1908（明治41）年12月 2日	12			
						三男	勇雄	1910（明治43）年 9月17日	10			
						四女	雪子	1907（明治40）年 3月15日	13			
						五女	末誉	1912（大正 1）年12月12日	8			
						六女	喜代子	1915（大正 4）年 7月26日	5			
	中野　安太郎	福岡県	築上郡	椎田町高塚	4	長男	新太	1910（明治43）年 1月 3日	10	ポートハモンド郵函54	167	
						長女	縫子	1912（明治45）年 1月13日	8			
						次男	正三	1914（大正 3）年 7月15日	6			
						三男	勇	1916（大正 5）年 1月 8日	4			
	中原　久吉	熊本県	上盆城郡	福田村福原	1	養女	静江	1913（大正 2）年 5月	7	ポートハモンド	173	左
	永原　義房	岡山県	都窪郡	妹尾町妹尾	1	長男	一夫	1919（大正 8）年12月21日	1	ポートヘネー	180	右
	永松　五一郎	熊本県	玉名郡	小田村上小田	3	長女	キイ子	1916（大正 5）年 2月10日	4	ピットメドウズ	171	右
						次女	マリ子	1917（大正 6）年 8月25日	3			
						長男	昇	1919（大正 8）年 3月15日	1			
	中村　光寿郎	和歌山県	海草郡	松江村東	1	長男	正義	1920（大正 9）年 7月18日	0	ブリタニアビーチ	179	左
	中村　林蔵	福岡県	京都郡	今川村天生田	1	長男	長生	1920（大正 9）年 4月14日	0	バンクーバー市パウエル街368	50	
	中山　義一	広島県	甲奴郡	吉野村	1	長男	一馬	1916（大正 5）年 9月21日	4	バンクーバー市東カドバ街786	10	
	中山　要太郎	大分県	宇佐郡	八幡村	1	長女	要子	1911（明治44）年 9月 9日	9	ポートヘネー	187	

	保護者氏名	出身県	市・郡	町・村	撮影子供数	続柄	名前	生年月日	年齢	住　　所	原本頁	
	鳴瀬　金太郎	香川県	香川郡	雌雄島村女木島	3	長女	八十子	1917（大正 6）年 3月24日	3	スティーブストン郵函164	125	右
						長男	金雄	1914（大正 3）年 9月26日	6			
						次男	忠雄	1919（大正 8）年11月 9日	1			
に	西島　長久	熊本県	玉名郡	睦合村上	4	長女	百合子	1914（大正 3）年 5月21日	6	カンバーランド第5号地	80	
						次女	八重子	1917（大正 6）年 1月16日	5			
						三女	京子	1918（大正 7）年10月 1日	2			
						四女	洋子	1920（大正 9）年 9月30日	0			
	西村　源七	滋賀県	犬上郡	北青柳村大藪	1	長女	はつ江	1919（大正 8）年 7月11日	1	バンクーバー市パウエル街122	25	
	西村　源之助	滋賀県	犬上郡	北青柳村大藪	4	長女	文子	1902（明治35）年 1月10日	18	バンクーバー市パウエル街122	28	
						次女	ヤエノ	1903（明治36）年 2月28日	17			
						次男	貫一	1907（明治40）年12月22日	13			
						四男	源吾	—	—			
の	野上　三之助	和歌山県	日高郡	比井崎村阿尾	2	長女	愛子	1916（大正 5）年 5月13日	4	スティーブストン郵函15	123	右
						長男	友之	1918（大正 7）年11月26日	2			
	野田　嘉市	熊本県	八代郡	野津村	1	長男	蔦夫	1919（大正 8）年10月30日	1	ケローナ市	114	左
	野田　為次郎	和歌山県	日高郡	御坊町	1	長男	為雄	1915（大正 4）年 7月29日	5	バンクーバー市パウエル街229	32	
	則行　延蔵	福岡県	築上郡	西角田村上野	2	長男	勝	1919（大正 8）年11月14日	1	カンバーランド第7号地	106	
						長女	ヒサ	1918（大正 7）年 5月25日	2			
は	配島　重平	神奈川県	足柄上郡	桜井村曽比	1	長女	八重	1918（大正 7）年11月19日	2	ブリタニアビーチ	170	右
	橋爪　太四郎	和歌山県	海草郡	日方村	3	長男	英一	1913（大正 2）年 5月	7	ミッション市郵函294	148	
						次男	雄次郎	1914（大正 3）年 6月	6			
						次女	トヨ子	1918（大正 7）年 8月	2			
	橋本　盛之助	高知県	吾川郡	秋山村秋山	3	長女	ヒラ	1915（大正 4）年10月	5	ベラベラ	53	
						長男	孝一	1916（大正 5）年10月	4			
						次男	英海	1918（大正 7）年10月	2			
	秦　友一	広島県	安芸郡	中野村前田	1	長男	芳毅	1920（大正 9）年 1月 1日	0	サンドウイック	193	右
	服部　太一郎	三重県	三重郡	楠村南五味塚	5	次男	咲雄	1918（大正 7）年 5月17日	2	ミッション市郵函50	149	
						長男	正雄	1912（明治45）年 1月 9日	8			
						三女	信子	1919（大正 8）年 8月 7日	1			
						長女	君子	1914（大正 3）年 7月 9日	6			
						次女	咲子	1918（大正 7）年 5月17日	2			
	花岡　周市	広島県	佐伯郡	地御前村	1	長女	英子	1918（大正 7）年 1月 2日	2	ブリタニアビーチ	184	右
	花野　藤一	広島県	佐伯郡	地御前村	1	長男	俊雄	1917（大正 6）年 3月20日	3	シュメイナス	109	左
	濱崎　顕作	広島県	佐伯郡	小方村	1	長男	光行	1920（大正 9）年 3月 7日	0	コモックス	95	
	濱田　長三郎	福井県	大飯郡	本郷村本郷	2	長女	ノブエ	1909（明治42）年 6月18日	11	ポートハモンド	161	左
						長男	一士	1914（大正 3）年 1月 8日	6			
	濱田　啓松	広島県	豊田郡	佐江崎村能地	2	長女	とも枝	1917（大正 6）年 7月25日	3	オーシャンフォールズ1636	126	
						長男	清司	1919（大正 8）年 7月10日	1			
	原田　熊一	広島県	佐伯郡	宮内村畑口	2	長男	巖	1919（大正 8）年 3月12日	1	カンバーランド第5号地	81	
						長女	昌子	1917（大正 6）年 4月14日	3			

	保護者氏名	出身県	市・郡	町・村	撮影子供数	続柄	名前	生年月日	年齢	住所	原本頁	
	原田　力造	福岡県	三池郡	三池港三里	2	長女	喜代子	1914（大正 3）年 2月12日	6	イーバン・バンクーバーキャナリー	17	
						次女	里子	1918（大正 7）年 7月16日	2			
ひ	日高　禎造	福岡県	遠賀郡	底井野村下大隈	6	次女	英子	1909（明治42）年 5月26日	11	ポートヘネー	164	
						長男	芳郎	1911（明治44）年 2月11日	9			
						三女	輝子	1913（大正 2）年 6月18日	7			
						四女	和子	1917（大正 6）年 2月16日	3			
						次男	邦夫	1918（大正 7）年 4月29日	2			
						五女	純子	1919（大正 8）年 9月14日	1			
	肥田野　源蔵	新潟県	北蒲原郡	聖籠村眞野	1	五女	ハルエ	1920（大正 9）年 2月22日	0	オーシャンフォールズ	144	右
	廣瀬　徳次	広島県	佐伯郡	上水内村管澤	3	長男	徳夫	1914（大正 3）年 3月17日	6	カンバーランド第5号地	70	
						三男	満	1917（大正 6）年10月19日	3			
						次男	彰	1915（大正 4）年 8月24日	5			
ふ	福井　彌十	広島県	安佐郡	三川村古市	5	長女	竹子	1911（明治44）年10月 9日	9	バンクーバー市アレキサンダー街433	44	
						次男	英三	1913（大正 2）年 5月28日	7			
						三男	正明	1916（大正 5）年 1月13日	4			
						四男	章	1917（大正 6）年 4月25日	3			
						次女	ヤヨエ	1920（大正 9）年 3月 1日	0			
	福島　源蔵	熊本県	上盆城郡	七瀧村上野	2	長女	和子	1916（大正 5）年12月 1日	4	オーシャンフォールズ	140	
						二女	忠子	1919（大正 8）年12月26日	1			
	福島　庄三郎	福井県	今立郡	片上村吉谷	3	長男	—	1914（大正 3）年11月 1日	6	バンクーバー市パウエル街636	13	右
						次男	—	1916（大正 5）年 7月 1日	4			
						次女	—	1918（大正 7）年 2月 1日	2			
	福原　隆量	広島県	安芸郡	仁保村丹那	1	長女	英美子	1919（大正 8）年 9月12日	1	オーシャンフォールズ	136	左
	藤井　宗八	山口県	熊毛郡	田布施町波ノ市	2	長男	一郎	1916（大正 5）年 8月 5日	4	バンクーバー市東カドバ街330	41	
						次男	勇	1920（大正 9）年 2月18日	0			
	藤崎　慶一	山口県	大島郡	和田村和田	1	長女	幸子	1920（大正 9）年 6月30日	0	バンクーバー市ランスダウン街152	38	右
	藤本　宅十郎	山口県	玖珂郡	新庄村大祖	2	長男	実	1919（大正 8）年11月 6日	1	ロイストンミール（カンバーランド第7号地ピバン）	102	
						長女	菊枝	1918（大正 7）年11月 5日	2			
	藤本　富蔵	山口県	大島郡	和田村	3	長男	茂夫	1917（大正 6）年11月25日	3	バンクーバー市ランスダウン街1	39	左
						次女	豊子	1920（大正 9）年 5月18日	0			
						長女	清子	1913（大正 2）年10月23日	7		39	右
	藤本　留次郎	滋賀県	犬上郡	芹谷村河内	1	長男	隆夫	—	—	オーシャンフォールズ	136	右
	藤本　秀彦	熊本県	玉名郡	腹赤村腹赤	2	長男	邦秀	1916（大正 5）年 3月11日	4	ピットメドウズ	171	左
						長女	千恵	1920（大正 9）年 5月 4日	0			
	藤原　藤太	愛媛県	越智郡	波止濱町	3	長男	秀雄	1912（大正 1）年11月 3日	8	バンクーバー市パウエル街324半	34	左
						次男	民雄	1918（大正 7）年10月16日	2			
						三男	進	1920（大正 9）年 2月26日	0			
	古谷　長十郎	山口県	大島郡	沖家室村	2	長女	静子	1915（大正 4）年 2月28日	5	バンクーバー市ランスダウン街325	4	右
						二女	玉江	1919（大正 8）年 7月 5日	1			

	保護者氏名	出身県	市・郡	町・村	撮影子供数	続柄	名前	生年月日	年齢	住　所	原本頁
へ	邉見　金吉	宮城県	仙台市	北材木町62	2	長女	英子	1914（大正3）年9月6日	6	ビクトリア市エート街951	111 右
						次女	八重子	1917（大正6）年11月12日	3		
ほ	宝崎　市太郎	福岡県	京都郡	中津村稲田	5	長男	猛司	1911（明治44）年4月27日	9	ポートヘネー	185
						次男	賢	1912（大正1）年10月9日	8		
						三男	静雄	1914（大正3）年6月20日	6		
						長女	八重子	1916（大正5）年10月8日	4		
						次女	フサエ	1919（大正8）年1月8日	1		
	星崎　保太郎	神奈川県	足柄下郡	下府中村上新田	3	長男	一雄	1916（大正5）年1月30日	4	ピットメドウズ	168
						次男	福一	1917（大正6）年10月6日	3		
						三男	保雄	1919（大正8）年7月13日	1		
	穂谷野　伊三郎	神奈川県	足柄下郡	下府中村中新田	1	次男	曠	1917（大正6）年10月15日	3	ポートハモンド	181 右
	堀内　貞廣	山梨県	南都留郡	大石村	2	長男	禧廣	1918（大正7）年9月30日	2	バンクーバー市パウエル街756	5 左
						長女	メリー	1920（大正9）年1月2日	0		
ま	前田　久三	大阪市	南区	天王寺大道1丁目4009番地	1	次男	豊雄	1906（明治39）年12月13日	14	カンバーランド第１号地	86 左
					1	長男	政季	1901（明治33）年4月25日	20		86 右
	真砂　清七	和歌山県	西牟婁郡	長野村伏菟野	1	長男	忠幸	1920（大正9）年8月6日	0	ブリタニアビーチ	179 右
	益田　基	大分県	大分市	大分町	3	長男	—		—	バンクーバー市ユーコン街2000	66 右
						次男	—		—		
						三男	—		—		
	町田　寅吉	神奈川県	足柄上郡	桜井村曽比	1	長男	晴男	1920（大正9）年2月19日	0	ブリタニアビーチ	188
	松尾　新次郎	山口県	厚狭郡	厚狭村随光	3	長女	ミサオ	1908（明治41）年5月24日	12	スティーブストン郵函195	116 右
						長男	新一	1910（明治43）年7月1日	10		
						次女	光江	1913（大正2）年12月2日	7		
	松倉　徳太郎	熊本県	玉名郡	鍋村鍋	3	長女	ハツエ	1913（大正2）年8月15日	7	カンバーランド第5号地	72
						次女	ツギノ	1915（大正4）年6月26日	5		
						三女	ハルコ	1918（大正7）年2月22日	2		
	松永　敬次	熊本県	玉名郡	大野村大野下	1	長男	静夫	1916（大正5）年12月20日	4	カンバーランド第1号地	94
	松永　松平	熊本県	菊池郡	陣内村森	2	次女	アキエ	1914（大正3）年9月15日	6	カンバーランド第7号地	107
						長男	繼松	1917（大正6）年3月12日	3		
	松淵　時太郎	福岡県	築上郡	築城村築城	1	長女	富美子	—	—	カンバーランド	78 右
	間所　亀蔵	和歌山県	東牟婁郡	下里村下里	4	長女	八重	1915（大正4）年2月22日	5	スティーブストン郵函172	119
						三男	博	1920（大正9）年6月27日	0		
						次男	通治	1916（大正5）年10月24日	4		
						長男	慶雄	1913（大正2）年6月28日	7		
	丸川　小一	広島県	山縣郡	南方村大南方	1	長女	ノブ子	1913（大正2）年3月7日	7	サンドウイック	193 左
						次女	ヨシエ	1916（大正5）年12月27日	4		
						長男	勝美	1918（大正7）年4月28日	2		
	丸谷　伊勢松	愛媛県	喜多郡	長濱町	2	長男	幸夫	1919（大正8）年12月3日	1	ロイストン	79 右
						長女	重美	1916（大正5）年3月12日	4		

	保護者氏名	出身県	市・郡	町・村	撮影子供数	続柄	名前	生年月日	年齢	住所	原本頁	
み	宮川　彦次郎	滋賀県	東浅井郡	七尾村相撲庭	1	長男	敏彦	1917（大正 6）年 5月 7日	3	ミッション市郵函77	150	右
	宮崎　治郎兵衛	福岡県	糸島郡	深江村片山	1	長女	喜久江	1917（大正 6）年11月10日	3	バンクーバー市メイン街206	6	左
	宮地　庫之介	広島県	御調郡	中之庄村室屋	1	長男	格雄	1919（大正 8）年 7月 6日	1	オーシャンフォールズ	137	右
	宮原　末松	熊本県	飽託郡	城山村半田	3	長男	一之	1905（明治38）年 7月13日	15	カンバーランド第1号地	68	
						長女	キクエ	1907（明治40）年 5月29日	13			
						次女	ハツミ	1912（明治45）年 4月17日	8			
む	向井　芳松	和歌山県	日高郡	三尾村	1	四男	力	1914（大正 3）年11月 1日	6	ビクトリア市フイスガード街820	186	
	虫本　亮一	香川県	綾歌郡	栗熊村栗熊東	3	長女	敏子	1915（大正 4）年 1月 2日	5	ビクトリア市ノースパーク街827	112	
						長男	敏春	1917（大正 6）年 4月15日	3			
						次女	美恵子	1920（大正 9）年 6月 8日	0			
	村木　　静夫	岡山県	吉備郡	総社町井尻野	1	長女	縫子	1918（大正 7）年 9月11日	2	バンクーバー市メイン街233	7	左
	村田　九助	山口県	大島郡	家室西方村小積	2	次女	ミチヱ	1908（明治41）年 7月23日	12	バンクーバー市ランスダウン街152	27	左
						三女	末子	1911（明治44）年10月 1日	9		27	右
も	森　国造	鳥取県	日野郡	神奈川村武庫	3	長女	敏子	1915（大正 4）年 3月20日	5	ポートヘネー	162	右
						長男	幹彦	1918（大正 7）年 1月 3日	2			
						次女	千鶴子	1920（大正 9）年 3月 8日	0			
	森川　保太郎	広島県	安佐郡	亀山村四日市	2	長男	勝巳	1907（明治40）年 6月11日	13	ポートハモンド	166	
						次男	寛雄	1912（明治45）年 4月14日	8			
	森下　佐吉	和歌山県	日高郡	三尾村	1	長女	静江	1918（大正 7）年 7月23日	2	オーシャンフォールズ	137	左
	森田　谷蔵	広島県	広島市	稲荷町81番地	2	二男	正夫	1913（大正 2）年10月15日	7	オーシャンフォールズ	127	
						二女	シヅヱ	1916（大正 5）年 2月13日	4			
や	矢口　仲一	広島県	佐伯郡	水内村和田	3	長男	茂	1914（大正 3）年 5月	6	コートネイ	103	
						長女	露子	1916（大正 5）年 9月	4			
						次女	ミツ子	1918（大正 7）年 1月	2			
	矢野　清視	愛媛県	西宇和郡	日土村榎野	2	長女	富	1917（大正 6）年 8月12日	3	バンクーバー市カドバ街9	15	左
						次女	臣江	1919（大正 8）年 6月24日	1			
	矢野　謙市	大分県	大野郡	小野市村木浦鉱山	1	長女	豊子	1919（大正 8）年11月15日	1	カンバーランド	84	
	山岡　重一	広島県	比婆郡	峯田村峯	1	長男	重之	1920（大正 9）年 4月11日	0	オーシャンフォールズ	131	
	山神　美代蔵	神奈川県	足柄上郡	吉田島村	3	次男	喜三郎	1915（大正 4）年 1月25日	5	ブリタニアビーチ	181	左
						三男	清	1917（大正 6）年11月12日	3			
						四男	義夫	1920（大正 9）年 9月21日	0			
	山崎　騰	長野県	南安曇郡	北穂高村狐島	4	長男	高士	1914（大正 3）年 5月 5日	6	ポートヘネー	169	
						長女	マサ子	1915（大正 4）年 5月15日	5			
						次男	徳市	1918（大正 7）年 5月15日	2			
						三男	高明	1920（大正 9）年 8月20日	0			
	山崎　芳蔵	福岡県	築城郡	葛城村越路	2	長男	康	19　（大正　）年12月16日	—	カンバーランド第1号地	99	
						長女	初枝	1918（大正 7）年10月 5日	2			
	山野　光平	熊本県	上盆城郡	津森村小谷	1	次女	フサエ	1914（大正 3）年 1月16日	6	オーシャンフォールズ	134	左
					1	長男	光喜	1905（明治38）年 1月20日	15		134	右
	山本　一郎	新潟県	佐渡郡	新町355番地	2	長男	利一郎	1914（大正 3）年11月 7日	6	バンクーバー市西第3街2467	2	

	保護者氏名	出身県	市・郡	町・村	撮影子供数	続柄	名前	生年月日	年齢	住所	原本頁	
						長女	節子	1913（大正2）年10月2日	7			
	山本　雨平	熊本県	上益城郡	名連川村黒川	7	長女	初子	1907（明治40）年1月31日	13	ポートハモンド	182	
						次女	千代子	1908（明治41）年10月4日	12			
						三女	静江	1910（明治43）年4月7日	10			
						四女	フミ子	1912（大正1）年8月	8			
						長男	正巳	1914（大正3）年6月12日	6			
						五女	豊子	1916（大正5）年9月24日	4			
						次男	清	1919（大正8）年4月12日	1			
	山本　禎造	熊本県	鹿本郡	嶽間村椎持	1	長女	ミチ子	1918（大正7）年9月9日	2	カンバーランド第7号地	100	右
	山本　虎一	和歌山県	西牟婁郡	日置村	1	長女	笑子	1920（大正9）年6月17日	0	イーバン・バンクーバーキャナリー	30	左
よ	吉木　徳助	山口県	熊毛郡	田布施町	3	長男	寛	1913（大正2）年2月15日	7	レディースミス	178	左
						長女	愛子	1915（大正4）年5月9日	5			
						次男	忠義	1917（大正6）年8月20日	3			
	吉原　初作	広島県	御調郡	尾道町向島西村	1	長女	直惠	1920（大正9）年6月22日	0	オーシャンフォールズ	144	左
	米村　市平	熊本県	玉名郡	大野村下	4	長女	花枝	—	—	カンバーランド第5号地	98	
						次女	数枝	—	—			
						三女	緑	—	—			
						四男	馨	—	—			
	米山　力蔵	神奈川県	足柄上郡	吉田島村	3	長女	操子	1915（大正4）年7月20日	5	ポートヘネー	178	右
						次女	八千代	1917（大正6）年3月23日	3			
						三女	光江	1919（大正8）年11月11日	1			
り	料治　一太	岡山県	都窪郡	福田村妹尾崎	1	長男	英一	1919（大正8）年3月30日	1	ポートヘネー郵函11	174	
わ	若野　長之助	和歌山県	日高郡	松原村吉原	1	長女	佐代子	1910（明治43）年1月1日	11	バンクーバー市アレキサンダー街362	21	
	渡辺　磯太郎	神奈川県	足柄上郡	山田村	3	長男	剛	1917（大正6）年4月24日	3	カンバーランド	63	
						次女	ギン	1920（大正9）年4月20日	0			
						長女	ナチ	1918（大正7）年7月10日	2			
	渡辺　宇平	宮城県	栗原郡	岩ケ崎町	2	長男	宇一	1917（大正6）年3月18日	3	フレイザーミルズ	59	
						長女	ツヤ	1915（大正4）年3月30日	5			

注1　父親は名字の読み方については一般的なものを考え、五十音順に並べた。
2　写真下の出身地（原簿地）について「大字」「字」の文字は省略した。
3　明らかな出身地（原簿地）の誤記は訂正した。
4　年齢について、1921（大正10）年1月1日を基準とした。
5　生年月日について年齢が記されているものは、そのまま記した。
6　記載のないものは—を施した。なお「井口源左衛門　次女・英代」と「西島長久　四女・洋子」の写真は掲載されていない。
7　カナダの住所については一般的な表記をした。
8　カナダの住所について、特に州名の表記がないものは全てＢＣ州である。

第１表　居住地の概略（ＢＣ州）

	都市・地域	地　域　紹　介
A	BC 州バンクーバー市	
B	ビクトリア市	
C	オーシャンフォールズ	バンクーバーより北方 312 マイル、プリンスルパートより南方 205 マイル、パシフィック製紙会社の所在地、邦人約 300 名の就働者とその家族百数十名の人々が在留し、オーシャンフォールス自治会を組織している。
D	ベラベラ	バンクーバーより北方 320 マイル、プリンスルパートより南方 190 マイルを離れた漁村にて、定住者は人口 450 人中約 350 人が土人である、シーピーアール船およびユニオン船が毎週寄港する。
E	サンドウィック	コーツネーより 1 マイル北方にある農村。
F	コートネイ	バンクーバー島の東海岸、ナナイモ市より北方 68 マイル、イーエヌ鉄道の終点で人口約 900 の農村である。在留邦人 50 人はほとんど総ては農業に従事しており、コーツネー農会を組織している。
G	コモックス	
H	ロイストン	カンバーランドより 4 マイル、イーエス鉄道に沿える地にして邦人経営のロイストン製材会社があり、邦人約 60 名が就働している。交通の便はイーエス鉄道の外に、毎日数回ステージがナナイモより往復する。
I	カンバーランド	バンクーバー島の東海岸を去る 4 マイル、ナナイモ市より北に 66 マイル、人口約 3,000 の炭鉱町である。在留同胞約 100 名あり。商業に従事する者十数名の他はすべて石炭の発掘に就働する人々にて、第 5 号地、第 1 号地の 2 ヶ所に分かれて住居し、2 個の国語学校を有し、なお在留者を網羅するコモックス区自治会を組織している。交通の便はイーエス鉄道の外に、ナナイモ市と同地間を毎日乗合自動車が通っている。
J	レディースミス	ビクトリア市より北方に 60 マイル、ナナイモ市より 17 マイル、炭鉱夫の居住地にして人口約 3,000、イーエス線によってビクトリアおよびナナイモ市に通じている。同地の邦人在留者約 100 名は、町より約 7 マイル西北に離れたるテンバーランド伐木場に就働している。邦人就働地に行くには、荷物のない場合ナナイモよりキャスアデー停車場まで汽車で行き、それよりキャンプまで約 4 マイル半の道を歩むのであるが、荷物のある場合はナナイモ市より自動車にてテンバーランド伐木場の汽車に便乗するのを便利とする。
K	シュメイナス	バンクーバー島の東岸、ナナイモ市より 21 マイル南、ビクトリア市より 51 マイル北、イーエス鉄道線に沿いたる美しい村にして、邦人約 60 名が同地のビクトリア製材会社に就職している。
L	スコーミッシュ	バンクーバーより海上 40 マイル、ブリタニヤビーチより 5 マイル、ピージーイー鉄道の海に臨む地。バンクーバーよりユニオン船が冬季に毎日 1 回、夏季に毎日 2 往復する。邦人漁業者がコーホー漁に集合する地である。
M	ブリタニアビーチ	バンクーバーより北方 35 マイル、ブリタニア銅山の会社タウンにして邦人約 80 名がビーチ、ハーフウエー、ビクトリアキャンプの 3 ヶ所に分かれて就労している。ユニオン船がバンクーバーより冬期は 1 日 1 回、夏期は 1 日 2 回定期に寄港する。
N	イーバン（アクミ / バンクーバー・キャナリー）	カンバーランド市よりも 7 マイル離れたる炭鉱地、ロイストンより炭鉱会社の鉄道に乗り換えて行くべし。
O	テラノーバー	フレザー河支流の河口にある漁村ビーシー電鉄ルール停車場より 4 マイル、法人漁者が多数在留している。
P	スティーブストン	フレザー河の河口、バンクーバーより南に 15 マイル、ビーシー電鉄およびステージの便がある。人口約 1,100 の農村にしてその内 600 は邦人の漁者およびその家族である。法人経営の国語学校・病院・漁者団体がある。
Q	ウエストミンスター	バンクーバー市より南に 11 マイル、人口 18,000 の大都市。邦人多数住居し、ニューウエストン・ミンスター日本人会を組織している。
R	コキットラム・フレイザーミルズ	カナダ最大のキャナデアン、ウエスタン製材会社（俗にフレザーミルと呼ぶ）の所在地。ニュー・ウエストミンスター市よりビーシー鉄道によりて、東に 3 マイル半の地。邦人約 100 名在留し、フレザーミルス同和会を組織している。
S	ピットメドウズ	バンクーバーより東に 22 マイル、ポートハモンドより西に 2 マイル、人口約 420 の農村。邦人が十数名農業に従事している。
T	ポートハモンド	バンクーバーより東に 24 マイル、フレザー河の北岸にある人口約 900 の農村。邦人の製材所就働者および農業者多数在留し、ハモンド農会を組織している。CPR 鉄道およびステージにて、ニュー・ウエストミンスターおよびバンクーバーと連絡している。
U	ポートヘネー	バンクーバーより東に 26 マイル、フレザー河北岸の苺の産地にして人口約 1,000。邦人約 80 名苺栽培に従事し、ヘネー農会を組織している。CPR 鉄道およびステージが、日々数回バンクーバー・ニュー・ウエストミンスターより往復している。
V	ミッション市	バンクーバーより CPR 本線にて東に 42 マイル、苺の産地にして邦人多数が苺の栽培に従事し、ミッション農会を組織している。
W	バーノン　ウッドレーキ	オカナガン地方における最大の都市にして人口約 6,000、バンクーバー市より 382 マイル、CPR 鉄道本線とオカナガン支線の分岐点より 46 マイル。リンゴおよびナシの産地にして邦人数十名が果樹園に就働している。
X	ケローナ	オカナガン湖東岸にある農園中心の小都市にして人口約 3,000、CPR 本線のシカムス、ジャンクションより支線に乗り換えてオカナガン、ランデングまで行き、更に湖上の汽船に乗り換えて行くのと、ケーヴィ鉄道にてベンチクトンまで行きその所にて汽船に乗り換えていくのと、旅行者には南北からの通路がある。同地の在留邦人は約 200 名にして、すべて農業に従事し、ケローナ農会を組織している。

※「在留邦人所在地案内」、吉田龍一編『加奈陀在留邦人々名録』、1916、所収（佐々木敏二・権並恒治編集・解説『カナダ移民史資料　第六巻』、2000、不二出版、所収）より、一部修正。
※アルファベットは第１図に対応。

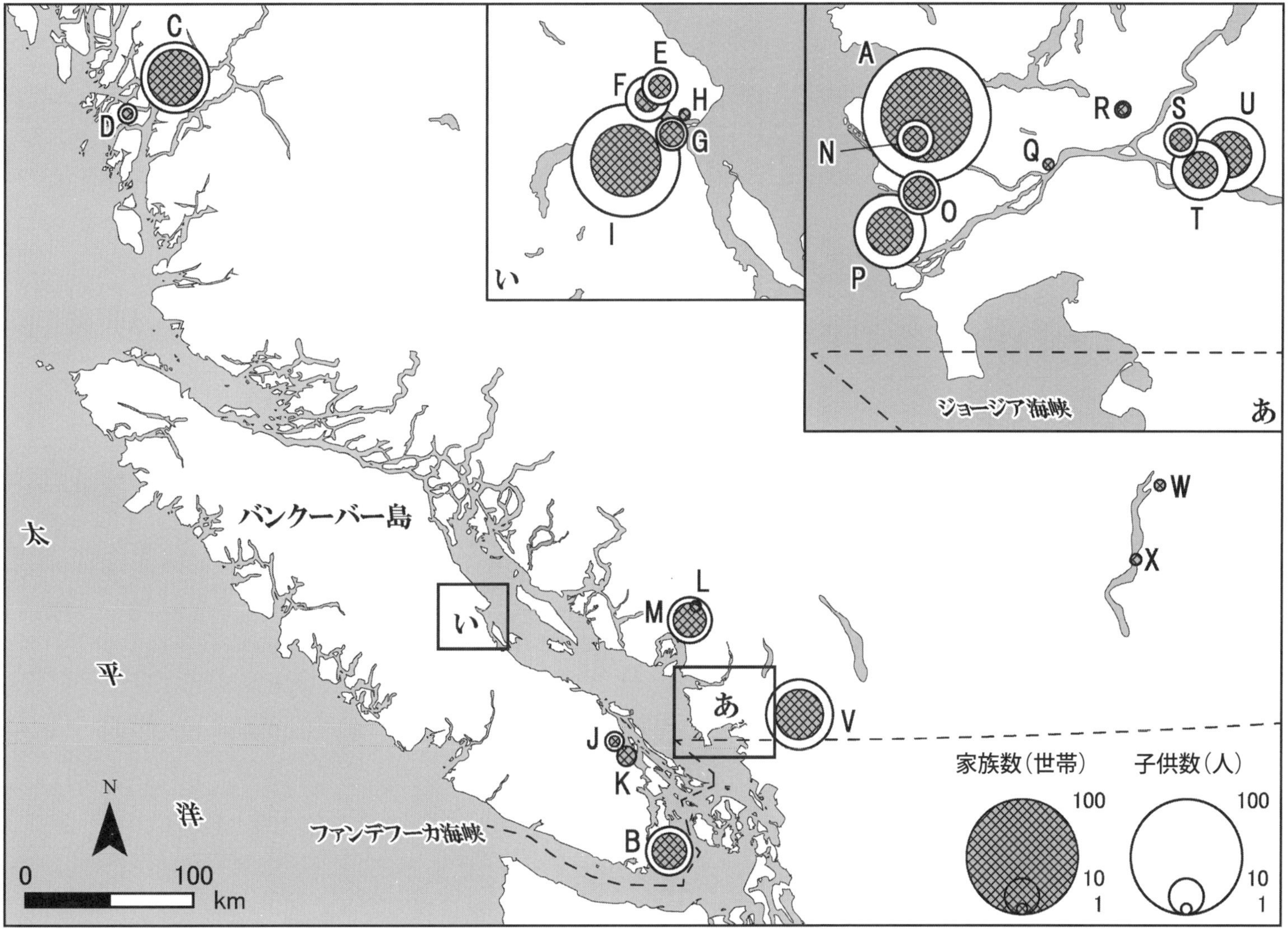

※アルファベットは第1表に対応。

第１図　居住地の分布（ＢＣ州）

	Famiry Name of Father	First Name of Father	Town and Village (Mura/Cyou)	County (Gun)・a Ward(Ku)	Prefecture (Ken)	Number Children	Family Relationship	First Name of Child	Birthday of Child	Age	Adress			Page	
A	Abe	Haruichi	Maana	Nishiuwa	Ehime	1	1st. son	Haruo	Sep 11,1920	0	226 Powell St.	Vancouver	BC	51	
	Amano	Seiichi	Yamate	Numakuma	Hiroshima	1	2nd. daughter	Chiyoko	Jun 18,1919	1	537 Powell St.	Vancouver	BC	35	R
	Anbi	Monhei	Nakatsu	Miyako	Fukuoka	1	1st. daughter	Miyomi	Oct 13,1919	1	No.1	Cumberland	BC	77	
	Aoki	Yonekichi	Yoshidajima	Ashigarakami	Kanagawa	1	1st. son	Tameo	Apr 10,1904	16	313 Alexander St.	Vancouver	BC	58	
	Aoki	Sadayoshi	Manzawa	Minamikoma	yamanashi	1	1st. son	Tetuo	Oct 17,1919	1	Cumberland Japanese School	Cumberland		89	
	Araki	Tanekichi	Aikawa	Mii	Fukuoka	1	1st. son	Ichirou	Jun 06,1919	1	P.O.Box113	Mission	BC	196	R
	Arikado	Yatarou	—	—	Fukuoka	1	3rd. daughter	Noriko	—	4m	Powell St.	Vancouver	BC	56	L
	Ashikawa	Sukejirou	Oono	Naka	Kanagawa	4	1st. daughter	Kazue	Jul 25,1910	10		Courtenay	BC	69	
							1st. son	Michinosuke	Sep 03,1912	7					
							2nd. son	Shigemichi	Apr 29,1915	5					
							3rd. son	Harunosuke	Feb 08,1919	1					
	Asou	Tomitarou	Tsurusaki	Ooita	Ooita	2	1st. son	Sadayoshi	Aug 13,1908	12	No.7	Cumberland	BC	105	
							2nd. son	Tsuneto	Nov 14,1910	10					
D	Doi	Umatarou	Kaidaichi	Aki	Hiroshima	5	1st. son	Tateichi	Mar 10,1902	18	No.5	Cumberland	BC	97	
							4th. daughter	Shimayo	Jul 03,1906	14					
							3rd. son	Tadashi	Mar 01,1909	11					
							4th. son	Tadao	Mar 21,1911	9					
							5th. daughter	Teruko	Apr 15,1913	7					
E	Enomoto	Masahiko	Shinguu	Higasimuro	Wakayama	1	1st. daughter	Kana	Dec 01,1919	1	325 Lansdowne St.	Vancouver	BC	38	L
	Ezaki	Matsusuke	Shimozato	Higashimuro	Wakayama	1	3rd. son	Hiroaki	Jul 12,1919	1	P.O.Box172	Steveston	BC	124	R
F	Fujii	Souhachi	Tabuse	Kumage	Yamaguchi	2	1st. son	Ichirou	Aug 05,1916	4	330 E.Cordova St.	Vancouver	BC	41	
							2nd. son	Isamu	Feb 18,1920	0					
	Fujimoto	Tomizou	Wada	Ooshima	Yamaguchi	3	1st. son	Sigeo	Nov 25,1917	3	1 Lansdowne St.	Vancouver	BC	39	L
							2nd. daughter	Toyoko	May 18,1920	0					
							1st. daughter	Kiyoko	Oct 23,1913	7				39	R
	Fujimoto	Takujyuurou	Shinjyou	Kuga	Yamaguchi	2	1st. son	Minoru	Nov 06,1919	1	No.7	Cumberland	BC	102	
							1st. daughter	Kikue	Nov 05,1918	2					
	Fujimoto	Tomejirou	Seritani	Inukami	Shiga	1	1st. son	Takao	—	—		Ocean Falls	BC	136	R
	Fujimoto	Hidehiko	Haraaka	Tamana	Kumamoto	2	1st. son	Kunihide	Mar 11,1916	4		Pitt Medows	BC	171	L
							1st. daughter	Chie	May 04,1920	0					
	Fujisaki	Keiichi	Wada	Ooshima	Yamaguchi	1	1st. daughter	Sachiko	Jun 30,1920	0	152 Lansdowne St.	Vancouver	BC	38	R
	Fujiwara	Touta	Hasihama	Ochi	Ehime	3	1st. son	Hideo	Nov 03,1912	8	324 half Powell St.	Vancouver	BC	34	L
							2nd. son	Tamio	Oct 16,1918	2					
							3rd. son	Susumu	Feb 26,1920	0					
	Fukuhara	Takayoshi	Nishina	Aki	Hiroshima	1	1st. daughter	Emiko	Sep 12,1919	1		Ocean Falls	BC	136	L
	Fukui	Yajyuu	Mikawa	Asa	Hiroshima	5	1st. daughter	Takeko	Oct 09,1911	9	433 Alexander St.	Vancouver	BC	44	
							2nd. son	Hidemi	May 28,1913	7					
							3rd. son	Masaaki	Jan 13,1916	4					
							4th. son	Akira	Apr 25,1917	3					
							2nd. daughter	Yayoe	Mar 01,1920	0					
	Fukushima	Syozaburou	Katakami	Imadate	Fukui	3	1st. son		Nov 01,1914	6	636 Powell St.	Vancouver	BC	13	R
							2nd. son		Jul 01,1916	4					

	Famiry Name of Father	First Name of Father	Town and Village (Mura/Cyou)	County (Gun)・a Ward(Ku)	Prefecture (Ken)	Number Children	Family Relationship	First Name of Child	Birthday of Child	Age	Adress			Page	
							2nd. daughter		Feb 01,1918	2					
	Fukushima	Genzou	Nanataki	Kamimashiki	Kumamoto	2	1st. daughter	Kazuko	Dec 01,1916	4		Ocean Falls	BC	140	
							2nd. daughter	Tadako	Dec 26,1919	1					
	Furuya	Cyoujyuurou	Okikamuro	Ooshima	Yamaguchi	2	1st. daughter	Shizuko	Feb 28,1915	5	325 Lansdowne St.	Vancouver	BC	4	R
							2nd. daughter	Tamae	Jul 05,1919	1					
H	Haijima	Jyuubee	Sakurai	Ashigarakami	Kanagawa	1	1st. daughter	Yae	Nov 19,1918	2		Britannia Beach	BC	170	R
	Hamada	Hiromatsu	Saezaki	Toyota	Hiroshima	2	1st. daughter	Tomoe	Jul 25,1917	3	1636	Ocean Falls	BC	126	
							1st. son	Kiyoshi	Jul 10,1919	1					
	Hamada	Cyouzaburou	Hongou	Ooi	Fukui	2	1st. daughter	Nobue	Jun 18,1909	11		Port Hammond	BC	161	L
							1st. son	Kazushi	Jan 08,1914	6					
	Hamasaki	Kensaku	Ogata	Saeki	Hiroshima	1	1st. son	Mitsuyuki	Mar 07,1920	0		Comox	BC	95	
	Hanano	Touichi	Jigozen	Saeki	Hiroshima	1	1st. son	Toshio	Mar 20,1917	3		Chemainus	BC	109	L
	Hanaoka	Syuuichi	Jigozen	Saeki	Hiroshima	1	1st. daughter	Hideko	Jan 02,1918	2		Port Haney	BC	184	R
	Harada	Rikizou	Miikekou	Miike	Fukuoka	2	1st. daughter	Kiyomi	Feb 12,1914	6	Vancouver Cannary	Eburne	BC	17	
							2nd. daughter	Satoko	Jul 16,1918	2					
	Harada	Kumaichi	Miyauchi	Saeki	Hiroshima	2	1st. son	Iwao	Mar 12,1919	1	No.5	Cumberland	BC	81	
							1st. daughter	Masako	Apr 14,1917	3					
	Hashimoto	Seinosuke	Akiyama	Agawa	Kouchi	3	1st. daughter	Hira	Oct ,1915	5		Bella Bella	BC	53	
							1st. son	Kouichi	Oct ,1916	4					
							2nd. son	Hideumi	Oct ,1918	2					
	Hashizume	Tashirou	Hikata	Kaisou	Wakayama	3	1st. son	Eiichi	May ,1913	7	P.O.Box294	Mission	BC	148	
							2nd. son	Yuujirou	Jun ,1914	6					
							2nd. daughter	Toyoko	Aug ,1918	2					
	Hata	Yuuichi	Nakano	Aki	Hiroshima	1	1st. son	Yoshitake	Jan 01,1920	0		Sandwich Park	BC	193	R
	Hattori	Taichirou	Kusunoki	Mie	Mie	5	2nd. son	Sakio	May 17,1918	2	P.O.Box50	Mission	BC	149	
							1st. son	Masao	Jan 09,1912	8					
							3rd. daughter	Nobuko	Aug 07,1919	1					
							1st. daughter	Kimiko	Jul 09,1914	6					
							2nd. daughter	Sakiko	May 17,1918	2					
	Henmi	Kaneyoshi	Kitazaimoku	Sendai	Miyagi	2	1st. daughter	Eiko	Sep 06,1914	6	951 Yates St.	Victoria	BC	111	R
							2nd. daughter	Yaeko	Nov 12,1917	3					
	Hidaka	Teizou	Sokoino	Onga	Fukuoka	6	2nd. daughter	Hideko	May 26,1909	11		Port Haney	BC	164	
							1st. son	Yoshirou	Feb 11,1911	9					
							3rd. daughter	Teruko	Jun 18,1913	7					
							4th. daughter	Kazuko	Feb 16,1917	3					
							2nd. son	Kunio	Apr 29,1918	2					
							The fifth daughter	Jyunko	Sep 14,1919	1					
	Hidano	Genzou	Seirou	Kitakanbara	Niigata	1	5th. daughter	Harue	Feb 22,1920	0		Ocean Falls	BC	144	R
	Hirose	Tokuji	Kamimizuuchi	Saeki	Hiroshima	3	1st. son	Tokuo	Mar 17,1914	6	No.5	Cumberland	BC	70	
							3rd. son	Mitsuru	Oct 19,1907	3					
							2nd. son	Akira	Aug 24,1915	5					
	Horiuchi	Sadahiro	Ooishi	minamitoru	yamanashi	2	1st. son	Kikou	Sep 30,1918	2	756 Powell St.	Vancouver	BC	5	L
							1st. daughter	Merry	Jan 02,1920	0					

	Famiry Name of Father	First Name of Father	Town and Village (Mura/Cyou)	County (Gun)・a Ward(Ku)	Prefecture (Ken)	Number Children	Family Relationship	First Name of Child	Birthday of Child	Age	Adress			Page	
	Hoshino	Yasutarou	Shimofunaka	Ashigarashimo	Kanagawa	3	1st. son	Kazuo	Jan 30,1919	4		Pitt Medows	BC	168	
							2nd. son	Fukuichi	Oct 06,1917	3					
							3rd. son	Yasuo	Jul 13,1919	1					
	Houzaki	Ichitarou	Nakatsu	Miyako	Fukuoka	5	1st. son	Takeshi	Apr 27,1911	9		Port Haney	BC	185	
							2nd. son	Satoshi	Oct 09,1912	8					
							3rd. son	Shizuo	Jun 20,1914	6					
							1st. daughter	Yaeko	Oct 08,1916	4					
							2nd. daughter	Fusae	Jan 08,1919	1					
	Hoyano	Isaburou	Shimofunaka	Ashigarasimo	Kanagawa	1	2nd. son	Kou	Oct 15,1917	3		Port Hammond	BC	181	R
I	Ide	Ritsu	Higasikawafuku	Saga	Saga	2	1st. daughter		—	—	2176 W.13th Ave.	Vancouver	BC	1	
							1st. son		—	—					
	Ieiri	Gihachi	Teshiro	Kikuchi	Kumamoto	1	1st. daughter	Mitsue	Jan ,1905	15	No.5	Cumberland	BC	74	
	Ieiri	Hatsuji	Hiramaki	Kikuchi	Kumamoto	4	1st. son	Tameru	Oct 09,1914	6				90	
							1st. daughter	Shitsue	Mar 05,1917	3					
							3rd. son	Maro	May 21,1918	2					
							2nd. son	Manabu	Mar 20,1916	4					
	Iemoto	Mankichi	Kuwane	Kuga	Yamaguchi	4	2nd. daughter	Haruko	Mar 13,1915	5		Port Hammond	BC	183	
							1st. son	Shinichi	Apr 22,1917	3					
							3rd. daughter	Fumie	Nov 27,1918	2					
							4th. daughter	Yoshiko	Mar 29,1920	0					
	Iguchi	Genzaemon	Sakamoto	Nihonbashi	Tokyo	1	1st. daughter	Kashiko	Apr ,1916	4	30 Water St.	Vancouver	BC	6	R
							2nd. daughter	Hideyo	May 12,1920	0					
	Ikeda	Cyuubei	Tateishi	Mii	Fukuoka	3	1st. son	Tadatoshi	Mar 17,1919	1	360 Powell St.	Vancouver	BC	55	
							2nd. son	Takashi	Sep 10,1920	0					
	Ikeda	Sanntarou	Mitama	Kamoto	Kumamoto	3	1st. son	Kiyoshi	Aug 14,1916	4		Ocean Falls	BC	139	
							2nd. son	Yukio	Aug 21,1918	2					
							1st. daughter	Kimie	Jan 14,1920	0					
	Ikegami	Matajirou	Nabe	Tamana	Kumamoto	3	1st. son	Hidekazu	Jul 21,1916	4	No.8	Cumberland	BC	73	
							1st. daughter	Sawako	Jan 31,1919	1					
							2nd. son	Hidehiro	Jul 21,1916	4					
	Ikegami	Sakutarou	Oono	Tamana	Kumamoto	2	1st. son	Issei	Jan 12,1917	3	No.5	Cumberland	BC	79	L
							2nd. son	Masanobu	Jul 26,1920	0					
	Imada	Heiichi	Goichi	Saeki	Hiroshima	2	2nd. son	Masao	Feb 15,1911	9	522 Alexander St.	Vancouver	BC	48	
							2nd. daughter	Haruko	Jan 19,1917	3					
	Inoue	Tokuichi	Miiri	Asa	Hiroshima	2	1st. daughter	Emiko	Sep 20,1920	0	538 Alexander St.	Vancouver	BC	23	L
							1st. son	Kazumi	Dec 09,1918	2				23	R
	Inoue	Shigejirou	Kashima	Toyama	Toyama	4	2nd. son	Masatoku	Dec 02,1908	12	106 Dunlevy Ave.	Vancouver	BC	43	
							1st. daughter	Hisako	Jan 13,1920	0					
							3rd. son	Masahide	May 20,1915	5					
							1st. son	Masakane	May 01,1907	13					
	Inoue	Kaoru	Sanda	Aikou	Kanagawa	5	1st. daughter	Esuta	May 17,1910	10	P.O.Box54	Port Haney	BC	165	
							2nd. daughter	Suzu	Mar 19,1911	9					
							3rd. daughter	Masa	May 02,1914	6					

	Famiry Name of Father	First Name of Father	Town and Village (Mura/Cyou)	County (Gun)・a Ward(Ku)	Prefecture (Ken)	Number Children	Family Relationship	First Name of Child	Birthday of Child	Age	Adress			Page	
							4th. daughter	Rufu	Oct 25,1915	5					
							1st. son	Kanao	May 24,1916	4					
	Ishii	Jyunichi	Edobori Minami	Nishi	Oosaka	1	1st. son	Hideo	Aug 05,1920	0	729 E.Cordova St.	Vancouver	BC	47	
	Isonaga	Hideyoshi	Ootake	Saeki	Hiroshima	1	1st. daughter	Michiko	Sep 29,1917	3	No.6	Cumberland	BC	85	
	Itakura	Shikazou	Sakate	Syouzu	Kagawa	1	1st. son	Iwao	Oct 03,1916	4		Steveston	BC	117	R
	Itou	Torakichi	Shimizu	Abe	Shizuoka	1	1st. son	Masao	Aug 31,1920	0	325 Lansdowne St.	Vancouver	BC	61	R
	Itou	Fusayoshi	Yano	Aki	Hiroshima	5	1st. son	Tadashi	Nov 10,1912	8		Sandwick	BC	82	
							1st. daughter	Toshie	Feb 10,1914	6					
							2nd. daughter	Fumie	Mar 25,1915	5					
							3rd. daughter	Tokie	Jul 20,1916	4					
							2nd. son	Kaoru	Apr 03,1918	2					
	Iwanami	Jyunkichi	Shimosuwa	Suwa	Nagano	2	1st. daughter	Jyunko	Dec 16,1917	3	Camosun	Victoria	BC	197	L
							1st. son	Kenichi	Jan 11,1920	0					
	Iwasa	Matsutarou	Higashishiwa	Kamo	Hiroshima	3	1st. son	Tatsumi	—	10	No.1	Cumberland	BC	108	L
							2nd. son	Tsugio	—	4					
							6th. doughter	Masako	—	3					
	Iwasa	Matsutarou	Higashishiwa	Kamo	Hiroshima	3	3rd. daughter	Shigeru	—	13		Cumberland	BC	108	R
							4th. daughter	Sadako	—	8					
							5th. daughter	Ichiko	—	6					
	Iwasaki	Kenzo	Fujimi	abe	Shizuoka	1	1st. daughter	Tomie	Jul 01,1920	0	225 Main St.	Vancouver	BC	5	R
	Iwasaki	Tomejirou	Shimozato	Higashimuro	Wakayama	3	3rd. son	Mitsuhiko	Jul 08,1920	0	325 Lansdowne St.	Vancouver	BC	61	L
							1st. son	Sakari	Mar 01,1914	6					
							2nd. son	Tugio	Apr 02,1916	4					
K	Kadoguchi	Taichirou	Nabe	Tamana	Kumamoto	2	1st. son	Taiji	May 28,1916	4	No.5	Cumberland	BC	93	
							1st. daughter	Miyoko	Jan 04,1920	0					
	Kadotani	Genichi	Matsue	Kaisou	Wakayama	2	1st. son	Kiyoshi	Feb 11,1917	3		Britannia Beach	BC	163	R
							1st. daughter	Yoneko	May 04,1919	1					
	Kadowaki	Katsuki	HirookaShimono	Agawa	Kouchi	1	1st. son	Tadashi	Jun 02,1920	0	358 Powell St.	Vancouver	BC	46	
	Kagetsu	Eikichi	Yukawa	Hidaka	Wakayama	5	1st. son	Hajime	Nov 15,1918	2	37 E.Cordova St.	Vancouver	BC	29	
							4th. daughter	Takako	Feb 27,1920	0					
							1st. daughter	Hideko	Oct 20,1912	8					
							2nd. daughter	Eiko	Jan 19,1915	5					
							3rd. daughter	Kimiyo	May 07,1917	3					
	Kaida	Yuuichi	Shinjyou	Kuga	Yamaguchi	1	1st. daughter	Sonoe	Sep 30,1917	3		Pitt Medows	BC	161	R
	Kaida	Ryuuji	Shinjyou	Kuga	Yamaguchi	1	1st. daughter	Yume	Feb 10,1919	1				161	R
	Kajiyama	Ichimatu	Kaitaichi	Aki	Hiroshima	2	1st. son	Hajime	Jan 27,1904	17	No.1	Cumberland	BC	75	
							2nd. son	Toshio	Sep 20,1906	14					
	Kamakura	Sueo	Matsumoto	Higashichikuma	Nagano	3	2nd. daughter	Kazumi	May 29,1916	4	831 Fort St	Victoria	BC	197	R
							1st. daughter	Chimaki	Nov 18,1914	6					
							1st. son	Hiroshi	Mar 08,1918	2					
	Kamata	Yasuo	Kofuji	Itoshima	Fukuoka	1	1st. daughter	Chieko	Jul 22,1919	1	250 Powell St.	Vancouver	BC	11	
	Kangawa	Hounan	Kinomoto	Kaisou	Wakayama	1	1st. son	Shigemi	May 24,1918	2		Steveston	BC	117	L
	Karatsu	Naoichi	Tsunomori	Marukame	Kagawa	2	1st. daughter	Ayako	Oct 30,1915	5	P.O.Box164	Steveston	BC	123	L

Famiry Name of Father	First Name of Father	Town and Village (Mura/Cyou)	County (Gun)・a Ward(Ku)	Prefecture (Ken)	Number Children	Family Relationship	First Name of Child	Birthday of Child	Age	Adress			Page	
						2nd. daughter	Hisano	Aug 18,1919	1					
Katou	Torasuke	Kaida	Aki	Hiroshima	4	1st. son	Hitoshi	Apr 10,1912	8	No.5	Cumberland	BC	88	
						2nd. son	Yoshiteru	Apr 25,1918	2					
						1st. daughter	Shiromi	Apr 20,1914	6					
						2nd. daughter	Shizue	Apr 04,1920	0					
Kawaguchi	Ikutarou	Fukagawa	Asa	Hiroshima	6	1st. son	Shigeo	May 05,1909	11	No.5	Cumberland	BC	65	
						2nd. son	Yoshio	Oct 31,1911	9					
						3rd. son	Takeshi	Sep 22,1913	7					
						4th. son	Susumu	May 17,1915	5					
						5th. son	Hiroshi	Oct 19,1917	3					
						6th. son	Tetsuo	Mar 26,1919	1					
Kenmochi	Toshikichi	Sakurai	Ashigarakami	Kanagawa	1	1st. daughter	Taeko	Jul 07,1919	1	173 Dublin St.	Vancouver	BC	7	R
Kenmochi	Gisaburou	Ashigara	Ashigarashimo	Kanagawa	3	1st. daughter	Yumiko	Mar 23,1916	4		Britannia Beach	BC	190	
						1st. son	Mizuhiko	Mar 15,1918	2					
						2nd. son	Daishin	Jan 07,1920	0					
Kihara	Tatsuji	Kawachi	Houtaku	Kumamoto	3	1st. daughter	Meku	—	—	325 Powell St.	Vancouver	BC	13	L
						2nd. daughter	Harue	—	—					
						3rd. daughter	Hisae	—	—					
Kika	Tunyoshi	Ooishi	minamitoru	yamanashi	2	1st. daughter	Shizuko	Sep 20,1918	2	P.O.Box11	Port Haney	BC	189	
						2nd. daughter	Hisayo	Feb 27,1920	0					
Kimoto	Tugumatsu	Kasou	Tamana	Kumamoto	2	1st. daughter	Tatue	Jan 03,1916	4	320 Alexander St.	Vancouver	BC	67	L
						1st. son	Toshio	Feb 20,1919	1					
kimoto	Kamejirou	Shiida	Chikujyou	Fukuoka	6	3rd. son	Tsutomu	Oct 15,1917	5		Steveston	BC	122	
						2nd. daughter	Mikiko	Jun 13,1918	2					
						1st. daughter	Kazue	Jun 13,1909	11					
						4th. son	Kameo	Jul 02,1920	0					
						1st. son	Haruo	Jun 18,1911	9					
						2nd. son	Masanobu	Apr 22,1914	6					
Kimura	Kousaku	Nabe	Tamana	Kumamoto	1	1st. son	Tuneyoshi	Jun 10,1917	3		Royston	BC	92	
						1st. daughter	Yoshino	Dec 10,1919	1					
Kishida	Yoshijirou	Fukutomi	Yokohama	Kanagawa	1	1st. son	Miharu	Apr 24,1914	6	Gorge Waterway Park	Victoria	BC	111	L
Kishimoto	Yuukichi	Kino	Saeki	Hiroshima	4	1st. daughter	Harue	Mar 03,1914	6		Courtenay	BC	194	
						1st. son	Yuichi	May 10,1915	5					
						2nd. son	Seikichi	Oct 28,1916	4					
						3rd. son	Mitsuo	Apr ,1918	2					
Kishiuchi	Moichi	Megishima Shiyuujima	Kagawa	kagawa	2	1st. son	Shigeru	Oct 30,1917	3		Steveston	BC	115	R
						2nd. son	Michio	Oct 30,1920	0					
Kitagawa	Matuji	Hira	Saeki	Hiroshima	2	1st. son	Yorio	Apr 22,1918	2	335 Main St.	Vancouver	BC	30	R
						1st. daughter	Kazuko	Jan 21,1920	0					
Kitagawa	Soubee	Fukumitsu	Inuyama	Shiga	3	4th. son	Sousirou	Aug 11,1914	6	63 W.Cordova St.	Vancouver	BC	37	
						5th. son	Isoji	Jun 12,1918	2					
						1st. daughter	Kimie	Aug 31,1920	0					

	Famiry Name of Father	First Name of Father	Town and Village (Mura/Cyou)	County (Gun)・a Ward(Ku)	Prefecture (Ken)	Number Children	Family Relationship	First Name of Child	Birthday of Child	Age	Adress			Page	
	Kitagawa	Hisauke	Yanai	Matsuyama	Ehime	1	1st. son	Hisaharu	Apr 20,1920	0	218 Powell St.	Vancouver	BC	60	R
	Kiyono	Tokiji	Haraaka	Tamana	Kumamoto	2	1st. daughter	Kiyoko	Feb 16,1917	3	No.1	Cumberland	BC	101	L
							1st. son	Shigeru	Nov 21,1914	6					
	Kobayakawa	Goichi	Zouka	Kamo	Hiroshima	3	1st. son	Masao	Apr 10,1898	22		Courtenay	BC	192	L
							1st. daughter	Sagami	Apr 25,1904	16					
							2nd. son	Isamu	Mar 16,1901	19				192	R
	Kobuke	Isaku	Nukushina	Aki	Hiroshima	1	1st. son	Isamu	,1912	8		Mission	BC	153	L
	Komiya	Yoshizou	Yamada	Ashigarakami	Kanagawa	2	1st. son	Yoshitsugu	Jan 02,1918	2		Britannia Beach	BC	172	L
							1st. daughter	Fusako	Aug 09,1919	1					
	Kondo	Fukumatsu	Takatu	Nii	Ehime	2	2nd. daughter	Tadako	Jul 07,1920	0	391 Powell St.	Vancouver	BC	12	L
							1st. daughter	Kanemi	Jul 25,1916	4				12	R
	Koyanagi	Sakumatsu	Mikawa	Miike	Fukuoka	2	1st. daughter	Suzumi	Jun 08,1916	4	Acme Cannary	Eburne	BC	22	R
							1st. son	Akira	Sep 12,1920	0					
	Koyanagi	Saichirou	Mikawa	Miike	Fukuoka	3	1st. daughter	Toshiko	Mar 04,1915	5	332 E.Cordova St.	Vancouver	BC	33	
							4th. son	Isao	Sep 04,1917	3					
							2nd. daughter	Hisayo	Oct 08,1919	1					
	Koyanagi	Fujitarou	Mikawa	Miike	Fukuoka	3	1st. daughter	Matu	—	—	Terra Nova Cannary	Eburne	BC	62	
							2nd. daughter	Kaue	—	—					
							2nd. son	Ikuo	—	—					
	Koyanagi	Cyuuzou	Mikawa	Miike	Fukuoka	4	2nd. son	Tadatoshi	Aug 13,1915	5	Terra Nova Cannary	Eburne	BC	64	
							3rd. son	Toshimasa	Mar 03,1919	1					
							1st. daughter	Tomie	Aug 19,1916	4					
							1st. son	Toshinobu	Aug 26,1920	0					
	Koyanagi	Nagamatsu	Mikawa	Miike	Fukuoka	3	1st. daughter	Kazue	Nov 08,1914	6	Acme Cannary	Eburne	BC	159	
							2nd. daughter	Tomiko	Jun 06,1916	4					
							1st. son	Masami	Oct 11,1918	2					
	Koyanagi	Kiici	Mikawa	Miike	Fukuoka	1	1st. son	Kiyotoshi	Jun 06,1920	2	Terra Nova Cannary	Eburne	BC	180	L
	Kubota	Syoujirou	Kuno	Aki	Hiroshima	1	1st. daughter	Rie	Aug 06,1919	1		Sandwick Park	BC	76	
	Kudou	Minoru	Ariyasu	Takada	Hiroshima	1	1st. daughter	Harumi	Jan 09,1920	0	P.O.Box55	Mission	BC	196	L
	Kuramoto	Denjirou	Shimozato	Higashimuro	Wakayama	3	1st. son	Kunji	Feb 26,1915	5	P.O.Box172	Steveston	BC	118	
							2nd. son	Tomiyuki	Sep 12,1919	1					
							1st. daughter	Kazuko	Nov 16,1917	3					
	Kurita	Syoutarou	Senda	Hiroshima	Hiroshima	2	1st. son	Toshio	May 20,1907	13		Port Haney	BC	176	
							1st. daughter	Fujie	Jul 04,1913	7					
	Kusumoto	Kusutarou	Ooya	Aki	Hiroshima	1	1st. son	Mitsugu	Aug 11,1920	0	1438 Camosun	Victoria	BC	151	R
M	Machida	Torakichi	Sakurai	Ashigarakami	Kanagawa	1	1st. son	Haruo	Feb 19,1920	0		Britannia Beach	BC	188	
	Madokoro	Kamezou	Shimozato	Higashimuro	Wakayama	4	1st. daughter	Yae	Feb 22,1915	5	P.O.Box172	Steveston	BC	119	
							3rd. son	Hiroshi	Jun 27,1920	0					
							2nd. son	Touji	Oct 24,1916	4					
							1st. son	Yukio	Jun 28,1913	7					
	Maeda	Kyuuzou	Tennoujio Daidou	Minami	Oosaka	2	2nd. son	Toyoo	Dec 13,1906	14	No.1	Cumberland	BC	86	L
							1st. son	Masaki	Apr 25,1901	20				86	R

	Famiry Name of Father	First Name of Father	Town and Village (Mura/Cyou)	County (Gun)・a Ward(Ku)	Prefecture (Ken)	Number Children	Family Relationship	First Name of Child	Birthday of Child	Age	Adress			Page	
	Marukawa	Syouichi	Minamigata	Yamagata	Hiroshima	3	1st. daughter	Nobuko	Mar 07,1913	7		Sandwich Park	BC	193	L
							2nd. daughter	Yoshie	Dec 27,1916	4					
							1st. son	Katsumi	Apr 28,1918	2					
	Marutani	Isematsu	Nagahama	Kita	Ehime	2	1st. son	Yukio	Dec 03,1919	1		Royston	BC	79	R
							1st. daughter	Shigemi	Mar 12,1916	4					
	Masago	Seishichi	Nagano	Nishimuro	Wakayama	1	1st. son	Tadayuki	Aug 06,1920	0		Britannia Beach	BC	179	R
	Masuda	Motoki	Ooita	Ooita	Ooita	3	1st. son		—	—	2000 Yukon	Vancouver	BC	66	R
							2nd. son		—	—					
							3rd. son		—	—					
	Matsubuchi	Tokitarou	Chikujyou	Chikujyou	Fukuoka	1	1st. daughter	Tomiko	—	—		Cumberland	BC	78	R
	Matsunaga	Keiji	Oono	Tamana	Kumamoto	1	1st. son	Shizuo	Dec 20,1916	4	No.1	Cumberland	BC	94	
	Matsunaga	Syouhei	Jinnai	Kikuchi	Kumamoto	2	2nd. daughter	Akie	Sep 15,1914	6	No.7	Cumberland	BC	107	
							1st. son	Tsugumatsu	Mar 12,1917	3					
	Matsuo	Shinjirou	Asa	Asa	Yamaguchi	3	1st. daughter	Misao	May 24,1908	12	P.O.Box195	Steveston	BC	116	R
							1st. son	Shinichi	Jul 01,1910	10					
							2nd. daughter	Mitsue	Dec 02,1913	7					
	Matukura	Tokutarou	Nabe	Tamana	Kumamoto	3	1st. daughter	Hatsue	Aug 15,1913	7	No.5	Cumberland	BC	72	
							2nd. daughter	Tsugino	Jun 26,1915	5					
							3rd. daughter	Haruko	Feb 22,1918	2					
	Miyagawa	Hikojirou	Nanao	Higashiazai	Shiga	1	1st. son	Toshihiko	May 07,1917	3	P.O.Box77	Mission	BC	150	R
	Miyahara	Suematu	Siroyama	Houtaku	Kumamoto	3	1st. son	Kazuyuki	Jul 13,1905	15	No.1	Cumberland	BC	68	
							1st. daughter	Kikue	May 29,1907	13					
							2nd. daughter	Hatsumi	Apr 17,1912	8					
	Miyaji	Kuranosuke	Nakanosyo	Mitsugi	Hiroshima	1	1st. son	Kakuo	Jul 06,1919	1		Ocean Falls	BC	137	R
	Miyazaki	Jirobee	Fukae	Itosima	Fukuoka	1	1st. daughter	Kikue	Nov 10,1917	3	206 Main St.	Vancouver	BC	6	L
	Mori	Kunizou	Kanagawa	Hino	Tottori	3	1st. daughter	Toshiko	Mar 20,1915	5		Port Haney	BC	162	R
							1st. son	Mikihiko	Jan 03,1918	2					
							2nd. daughter	Chizuko	Mar 08,1920	0					
	Morikawa	Yasutarou	Kameyama	Asa	Hiroshima	2	1st. son	Katsumi	Jun 11,1907	13		Port Hammond	BC	166	
							2nd. son	Hiroo	Apr 14,1912	8					
	Morishita	Sakichi	Mio	Hidaka	Wakayama	1	1st. daughter	Shizue	Jul 23,1918	2		Ocean Falls	BC	137	L
	Morita	Tanizou	Inari	Hiroshima	Hiroshima	2	2nd. son	Masao	Oct 15,1919	7		Ocean Falls	BC	127	
							2nd. daughter	Shidue	Feb 13,1916	4					
	Mukai	Yshimtsu	Mio	Hidaka	Wakayama	1	4th. son	Chikara	Nov 01,1914	6	Fisgard St.	Victoria	BC	186	
	Muraki	Shizuo	Soujya	Kibi	Okayama	1	1st. daughter	Muiko	Sep 11,1918	2	233 Main St.	Vancouver	BC	7	L
	Murata	Kyuusuke	KamuroNishigata	Ooshima	Yamaguchi	2	2nd. daughter	Michie	Jul 23,1908	12	152 Lansdowne St.	Vancouver	BC	27	L
							3rd. daughter	Sueko	Oct 01,1911	9				27	R
	Mushimoto	Ryouichi	Kurikuma	Ayauta	Kagawa	3	1st. daughter	Toshiko	Jan 02,1915	5	North Park	Victoria	BC	112	
							1st. son	Toshiharu	Apr 15,1917	3					
							2nd. daughter	Mieko	Jun 08,1920	0					
N	Nagahara	Yoshifusa	Senoo	Tsubo	Okayama	1	1st. son	Kazuo	Dec 21,1919	1		Port Haney	BC	180	R
	Nagai	Kounosuke	Mukojimanishi	Mitsugi	Hiroshima	1	1st. daughter	Mitsue	Nov 29,1917	3	Johnson St.	Victoria	BC	110	L
	Nagai	Masakazu	Mukoujima	Mitsugi	Hiroshima	3	1st. son	Masayoshi	,1914	6		Everest	BC	157	

Famiry Name of Father	First Name of Father	Town and Village (Mura/Cyou)	County (Gun)・a Ward(Ku)	Prefecture (Ken)	Number Children	Family Relationship	First Name of Child	Birthday of Child	Age	Adress			Page	
						2nd. son	Haruyuki	,1916	4					
						1st. daughter	Yaeko	,1918	2					
Nagamatsu	goichirou	Oda	Tamana	Kumamoto	3	1st. daughter	Kiiko	Feb 10,1916	4		Pitt Medows	BC	171	R
						2nd. daughter	Mariko	Aug 25,1917	3					
						1st. son	Noboru	Mar 15,1919	1					
Nagao	Renichi	Tomari	Touhaku	Tottori	1	1st. son	Masayoshi	Jan 03,1920	0	Douglas St.	Victoria	BC	160	R
Nagata	Kenichi	Tarumizu	Kimotsuki	Kagoshima	2	1st. son	Kaneo	Dec 12,1916	4	242 Powell St.	Vancouver	BC	22	L
						2nd. son	Misao	Dec 25,1918	2					
Nakagawa	Yagorou	Kinomoto	Kaisou	Wakayama	2	1st. daughter	Fumie	Feb 01,1916	4	P.O.Box437	Steveston	BC	125	L
						2nd. daughter	Sumiko	Nov 11,1918	2					
Nakahara	Hisakichi	Fukuda	Kamimashiki	Kumamoto	1	Adopted daughter	Shizue	May ,1913	7		Port Hammond	BC	173	L
Nakajima	Mitsuo	Miyoshisumiyoshi	Futami	Hiroshima	1	1st. son	Sadao	Feb 10,1920	0		Ocean Falls	BC	145	R
Nakajima	Teizou	Eba	Hirashima	Hiroshima	2	2nd. son	Minson	Nov 04,1919	1		Mission	BC	154	
						1st. son	Koumei	Mar 01,1918	2					
Nakajima	Yoshikazu	Itsukaichi	Saeki	Hiroshima	1	2nd. son	Minoru	Jan 20,1916	4		Chemainus	BC	109	R
Nakamura	Rinzou	Imagawa	Miyako	Fukuoka	1	1st. son	Cyousei	Apr 14,1920	0	368 Powell St.	Vancouver	BC	50	
Nakamura	Koujyurou	Matsue	Kaisou	Wakayama	1	1st. son	Masayoshi	Jul 18,1920	0		Britannia Beach	BC	179	L
Nakano	Umematsu	Ogata	Saeki	Hiroshima	6	1st. son	Noboru	Feb 20,1905	15	No.5	Cumberland	BC	96	
						2nd. son	Tutomu	Dec 02,1908	12					
						3rd. son	Isao	Sep 17,1910	10					
						4th. daughter	Yukiko	Mar 15,1907	13					
						5th. daughter	Sueyo	Dec 12,1912	8					
						6th. dougher	Kiyoko	Jul 26,1915	5					
Nakano	Yasutarou	Shiida	Chikujyou	Fukuoka	4	1st. son	Shinta	Jan 03,1910	10	P.O.Box54	Port Hammond	BC	167	
						1st. daughter	Nuiko	Jan 13,1912	8					
						2nd. son	Syouzou	Jul 15,1914	6					
						3rd. son	Isamu	Jan 08,1916	4					
Nakaoka	Uichi	Syouhara	Hiba	Hiroshima	2	1st. son	Ichirou	Sep 20,1915	5		Ocean Falls	BC	128	
						1st. daughter	Yukie	Jul 01,1918	2					
Nakatsuru	Osamu	Seike	Ooita	Ooita	2	1st. son	Seno	Jan 01,1917	4	410 Alexander St.	Vancouver	BC	4	L
						1st. daughter	Toshiko	Jun 30,1918	2					
Nakauchi	Yasutarou	Kadurag i	Chikujyou	Fukuoka	1	1st. daughter	Hanae	Aug 10,1918	2		Port Haney	BC	184	L
Nakayama	Yoshikazu	Yoshino	Kounu	Hiroshima	1	1st. son	Kazuma	Sep 21,1916	4	786 E Cordova St.	Vancouver	BC	10	
Nakayama	Youtarou	Hachiman	Usa	Ooita	1	1st. daughter	Yoko	Sep 09,1911	9		Port Haney	BC	187	
Naruse	Kinntarou	Megishima Shiyuujima	Kagawa	kagawa	3	1st. daughter	Yasoko	Mar 24,1917	3	P.O.Box146	Steveston	BC	125	R
						1st. son	Kaneo	Sep 26,1914	6					
						2nd. son	Tadao	Nov 09,1919	1					
Nishijima	Nagahisa	Mutuai	tamana	Kumamoto	4	1st. daughter	Yuriko	May 21,1914	6	No.5	Cumberland	BC	80	
						2nd. daughter	Yaeko	Jan 16,1917	5					
						3rd. daughter	Kyoko	Oct 01,1918	2					
						4th. daughter	Yoko	Sep 30,1920	0					

	Famiry Name of Father	First Name of Father	Town and Village (Mura/Cyou)	County (Gun)・a Ward(Ku)	Prefecture (Ken)	Number Children	Family Relationship	First Name of Child	Birthday of Child	Age	Adress			Page	
	Nishimura	Genshichi	Kitaaoyagi	Inuyama	Shiga	1	1st. daughter	Hatsue	Jul 11,1919	1	122 Powell St.	Vancouver	BC	25	
	Nishimura	Gennosuke	Kitaaoyagi	Inuyama	Shiga	4	1st. daughter	Fumiko	Jan 10,1902	18	122 Powell St.	Vancouver	BC	28	
							2nd. daughter	Yaeno	Feb 28,1903	17					
							2nd. son	Kanichi	Dec 22,1907	13					
							4th. son	Gengo	—	—					
	Noda	Tmejirou	Gobo	Hidaka	Wakayama	1	1st. son	Tameo	Jul 29,1915	5	229 Powell St.	Vancouver	BC	32	
	Noda	Kaichi	Nodu	Yatsusiro	Kumamoto	1	1st. son	Tsutao	Oct 30,1919	1		Kelowna	BC	114	L
	Nogami	Sannosuke	Hiizaki	Hidaka	Wakayama	2	1st. daughter	Aiko	May 13,1916	4	P.O.Box15	Steveston	BC	123	R
							1st. son	Tomoyuki	Nov 26,1918	2					
	Noriyuki	Nobizou	Nishikadota	Chikujyou	Fukuoka	2	1st. son	Masaru	Nov 14,1919	1	No.7	Cumberland	BC	106	
							1st. daughter	Hisa	May 25,1918	2					
O	Ogawa	Torazou	Yuasa	Arita	Wakayama	1	1st. son	Kiroshi	—	—	228 Powell St.	Vancouver	BC	24	
	Ogawa	Takuma	Iino	Kimitsu	Chiba	2	1st. daughter	Akiko	Nov 03,1917	3		Ocean Falls	BC	138	
							2nd. daughter	Hideko	Aug 23,1919	1					
	Ogawa	Atsusaburou	Chiduka	Chikujyou	Fukuoka	1	1st. son	Yutaka	Oct 02,1920	0	P.O.Box128	Mission	BC	170	L
	Ohohata	Ryuuichi	Kawai	Tomita	Hiroshima	2	1st. son	Noboru	Dec 13,1915	5	165 Powell St.	Vancouver	BC	14	R
							1st. daughter	Masako	Aug 01,1912	8					
	Okabe	Dennjirou	Nishihtano	Naka	Kanagawa	2	1st. son	Suguru	Jun 28,1918	2	P.O.Box129	Mission	BC	155	
							2nd. son	Tamotsu	Mar 03,1920	0					
	Okamura	Shigeji	Shinjyou	Takaoka	Kouchi	1	1st. son	Toshio	Jul 28,1920	0		Ocean Falls	BC	130	
	Okano	Mosaburou	Taguma	Mitsugi	Hiroshima	3	1st. daughter	Haruko	Feb 27,1913	7	P.O.Box55	Steveston	BC	116	L
							2nd. daughter	Taduko	Jan 26,1919	1					
							1st. son	Kazuo	Jan 02,1912	8					
	Okazaki	Masuzou	Agenosyou	Ooshima	Yamaguchi	1	2nd. daughter	Yaeko	May 01,1918	2	130 Lansdowne St.	Vancouver	BC	57	R
	Okazaki	Shintarou	Mayakami	Mitsu	Okayama	2	1st. son	Katsumasa	Jun 14,1917	3	5	Cumberland	BC	195	
							2nd. son	Masatoshi	Jan 30,1920	0					
	Okinobu	Kotarou	Sorazaya	Hirosima	Hiroshima	1	1st. son	Haruo	Feb 12,1919	1	70 E.Cordova. St.	Vancouver	BC	66	L
	Okuda	Kasaku	Higashishiwa	Kamo	Hiroshima	2	1st. son	Hiroshi	Nov 23,1914	6	No.1	Cumberland	BC	101	R
							2nd. son	Kiyoshi	Apr 09,1916	4					
	Ono	Tokutarou	Yoshidajima	Ashigarakami	Kanagawa	2	1st. daughter	Tatsuko	Jan 04,1916	4	P.O.Box134	Mission	BC	147	R
							2nd. son	Kiyoshi	Mar 16,1918	2					
	Ono	Morohei	Higashikoujyo	Kojima	Okayama	3	4th. son	Yasuhiro	Oct ,1915	5	Acme Cannary	Eburne	BC	158	
							2nd. daughter	Midori	Feb ,1919	1					
							1st. daughter	Masako	Jun ,1917	3					
	Oobuchi	Ichizou	Yabe	Yame	Fukuoka	1	1st. son	Masatoshi	Jul 07,1920	0	666 Alexander St.	Vancouver	BC	31	R
	Oohashi	Seitarou	Hinatsu	Inukami	Shiga	1	1st. son	Takeo	—	—	Wood Lake	Vernon	BC	114	R
	Ooike	Turuichi	chikujyou	chikujyou	Fukuoka	3	1st. daughter	Emiko	Sep 14,1914	6	391 Powell St.	Vancouver	BC	40	
							2nd. daughter	Tatsuko	Feb 15,1916	4					
							3rd. daughter	Nobuyo	Apr 15,1918	2					
	Ooike	Kyuusuke	Matsugae	Kiku	Fukuoka	3	3rd. son	Eiichi	Jul 31,1918	2	P.O.Box79	Port Hammond	BC	163	L
							2nd. son	Ken	Jul 17,1915	5					
	Oono	Kenzou	Eba	Hiroshima	Hiroshima	1	1st. son	Masaharu	Jan 02,1919	1	P.O.Box127	Mission	BC	150	L
	Ooto	Tokuzaburou	Ookuma	Kaho	Fukuoka	2	2nd. son	Takeo	—	11y6m		Port Haney	BC	177	

	Famiry Name of Father	First Name of Father	Town and Village (Mura/Cyou)	County (Gun)・a Ward(Ku)	Prefecture (Ken)	Number Children	Family Relationship	First Name of Child	Birthday of Child	Age	Adress			Page	
							1st. daughter	Shizuka	—	7y3m					
	Ooyama	Kitarou	Tatsumine	Yatsusiro	Kumamoto	1	1st. daughter	yachiyo	Jul 03,1917	3		Ocean Falls	BC	133	
	Ozamoto	Shigeroku	Shiida	Chikujyou	Fukuoka	1	2nd. daughter	Michiko	May 09,1917	3		Port Haney	BC	160	L
R	Ryouji	Ichita	Fukuda	Tsubo	Okayama	1	1st. son	Eiichi	Mar 30,1919	1	P.O.Box11	Port Haney	BC	174	
S	Sadafusa	Heizou	Kuroda	Miyako	Fukuoka	1	1st. son	Shinbee	Sep 14,1919	1	No.1	Cumberland	BC	100	L
	Saitou	Kouhei	Yodobashi	Toyotama	Tokyo	3	1st. daughter	Tatsue	Jun 02,1916	4	578 Powell St.	Vancouver	BC	52	
							2nd. daughter	Fumiko	Dec 27,1917	3					
							1st. son	Naotoshi	Sep 23,1919	1					
	Sakata	Mitsutoku	Todoroki	Udo	Kumamoto	3	1st. son	Mitsuyuki	Mar 13,1915	5	No.7	Cumberland	BC	83	
							1st. daughter	Aiko	May 02,1917	3					
							2nd. son	Takeo	Dec 25,1919	1					
	Sakon	Bunjirou		Saihku	Tottori	1			—	—	P.O.Box73	Mission	BC	146	L
	Satou	Mohei	Inno	Fukayasu	Hiroshima	4	2nd. son	Sigeru	Apr 13,1909	11	230 Alexander St.	Vancouver	BC	42	
							2nd. daughter	Shiduko	Nov 17,1905	15					
							3rd. daughter	Mieko	May 28,1918	2					
							Grandchild	Fumiko	Apr 05,1920	0					
	Satou	Akizaburou	Nagao	Gunma	Gunma	1	1st. son	Yoshio	Oct 31,1918	2		Ocean Falls	BC	143	L
	Sawayama	Gonzou	Kunou	Abe	Shizuoka	1	1st. son	Takashi	Nov 18,1919	1		Port Hammond	BC	175	
	Sekine	Toyojiro	Fujisawa	Kouza	Kanagawa	2	1st. son	Kaneichi	Sep 10,1916	4	230 Powell St.	Vancouver	BC	9	
							1st. daughter	Emiko	Sep 21,1919	1					
	Sekine	Naka	Kimgase	Higashishikama	Chiba	5	1st. daughter	Sadae	Feb ,1900	20	355 Powell St.	Vancouver	BC	49	
							2nd. daughter	Haruko	Jan ,1903	17					
							2nd. daughter	Miyo	Feb ,1908	12					
							4th. daughter	Yoshiko	Dec ,1912	8					
							4th. son	Toranosuke	Jun ,1914	6					
	Senda	Kaichi	Syo	Tsubo	Okayama	4	1st. daughter	Hatsue	Jan 20,1915	5		Mission	BC	156	
							1st. son	Hiroshi	Jul 07,1916	4					
							2nd. son	Takashi	Jun 22,1918	2					
							3rd. son	Kouji	Mar 06,1920	0					
	Seto	Masutarou	Sakata	Ashigarakami	Kanagawa	2	1st. son	Susumu	Jun 27,1918	2		Port Hammond	BC	172	R
							2nd. son	Isamu	Jun 15,1920	0					
	Shibuya	Sono	Furou	Yokohama	Kanagawa	1	1st. son	Kiyoshi	Feb 19,1911	9	378 Powell St.	Vancouver	BC	15	R
	Shigematsu	Shinkichi	Oozeki	Miike	Fukuoka	5	1st. son	Boku	Sep 21,1909	11	124 Gore Ave.	Vancouver	BC	18	
							2nd. son	Chikao	Nov 16,1910	10					
							3rd. son	Yukitoshi	Jul ,1915	5					
							4th. son	Yoshihiro	Apr 6,1920	0				19	
							1st. daughter	Sumiko	Mar 28,1918	2					
	Shigematsu	Tsunetarou	Oogaki	Miike	Fukuoka	1	2nd. daughter	Naru	Jun 01,1917	3		Squamish	BC	145	L
	Shikaze	Jinnjirou	Kaseda	Kawanabe	Kgoshima	2	1st. daughter	Toshi	May 11,1918	2	P.O.Box151	Mission	BC	147	L
							1st. son	Yoshio	Jun 26,1915	5					
	Shimoda	Jyouji	Tomo	Asa	Hiroshima	3	2nd. daughter	Yoshiko	May ,1918	2	P.O.Box40	Mission	BC	153	R
							2nd. son	Sadao	Mar ,1914	6					
							3rd. daughter	Misao	May ,1920	0					

	Famiry Name of Father	First Name of Father	Town and Village (Mura/Cyou)	County (Gun)・a Ward(Ku)	Prefecture (Ken)	Number Children	Family Relationship	First Name of Child	Birthday of Child	Age	Adress			Page	
	Shimotakahara	Kouzou	Ibusuki	Igusuki	Kagosima	2	1st. son	Shinichi	Mar 05,1918	2	1245 W.10th Ave.	Vancouver	BC	3	
							2nd. son	Jyou	Aug 17,1920	0					
	Shinobu	Saburo	Ishimori	Tobe	Miyagi	1	1st. son	Eiichi	Sep 26,1918	2	139 Gore Ave.	Vancouver	BC	8	
	Shinohara	Manzou	Tomochi	Shimomashiki	Kumamoto	1	5th. son	Suteo	Jan 08,1910	10		Port Haney	BC	173	R
	Shintani	Taizou	Ichiki	Minaminaka	Miyazaki	1	1st. daughter	Hatsuko	Sep 08,1919	1	356 Powell St.	Vancouver	BC	35	L
	Shiraishi	Kazuichi	—	Onsen	Ehime	1	1st. daughter	Kimiko	May 10,1910	10	354 Alexander St.	Vancouver	BC	16	
	Shikaze	Kauemon	Kaseda	Kawanabe	Kagoshima	3	1st. daughter	Yukiko	Jan 22,1920	0	P.O.Box312	Mission	BC	151	L
							1st. son	Tadao	Apr 30,1917	3					
							2nd. son	Hironori	May 27,1918	2					
	Sora	Yoshizou	Ogata	Saeki	Hiroshima	2	1st. son	Masaru	Dec 28,1914	6	No.5	Cumberland	BC	87	R
							2nd. son	Yoshizou	Oct 21,1916	4					
	Sugai	Kenkichi	Onnagawa	Iwafune	Niigata	3	1st. son	Takeshi	Feb 02,1916	4		Ocean Falls	BC	143	R
							2nd. son	Kusunoki	Jul 22,1917	3					
							1st. daughter	Sumiko	Feb 01,1920	0					
	Suginomori	Masutarou	Fucyu	Aki	Hiroshima	4	1st. daughter	Eiyo	Mar 08,1909	11	No.5	Cumberland		78	L
							2nd. daughter	Fusae	Sep 25,1910	10					
							1st. son	Hitoshi	Jun 10,1912	8					
							3rd. daughter	Chiyoko	Dec 25,1914	6					
	Sugisaki	Souuemon	Agatsuma	Naka	Kanagawa	1	1st. daughter	Tomie	Feb 25,1920	0	560 Keefer St.	Vancouver	BC	60	L
	Sugita	Matajirou	Matsuda	Ashigarakami	Kanagawa	2	1st. daughter	Fumiko	Nov 30,1910	10	414 Alexander St.	Vancouver	BC	34	R
							2nd. daughter	Masae	Dec 15,1912	8					
	Sumida	Tameji	Suzuhari	Asa	Hiroshima	2	1st. son	Katsumi	Jan 01,1916	4		Winnipeg	MB	113	
							2nd. son	Masayoshi	Jun 08,1917	3					
	Sunada	Naotarou	Suzuhari	Asa	Hiroshima	3	1st. daughter	Ayako	Jul 19,1914	6	433 Alexander St.	Vancouver	BC	26	L
							1st. son	Kenichi	Aug 16,1915	5					
							2nd. daughter	Hideko	Feb 28,1919	1					
	Suzuki	Syuuzou	Kawaguchi	Kamakura	Kanagawa	1	1st. daughter	Kiyomi	May 01,1916	4	132 half Powell St.	Vancouver	BC	31	L
	Suzuki	Tamesaburou	Kawaguchi	Kamakura	Kanagawa	1	1st. son	Susumu	May 09,1919	1	372 E.Cordova St.	Vancouver	BC	45	
	Syono	Hikozou	Kaduragi	Chikujyou	Fukuoka	1	1st. daughter	Matsue	Sep 08,1917	3	P.O.Box128	Mission	BC	152	L
T	Tabata	Rikimatsu	Tennouji Kitakawahori	Minami	Oosaka	1	4th. son	Yoshihiro	Apr 06,1920	0	526 Alexander St.	Vancouver	BC	19	
	Tahara	Rinzou	Takaoka	Takaoka	Kouchi	2	3rd. daughter	Toshiko	Jan 04,1919	1	P.O.Box295	Mission	BC	146	R
							2nd. daughter	Shizu	Jan 03,1917	3					
	Takada	Fusayoshi	Yasumura	Asa	Hiroshima	1	1st. son	Fumio	Jul 17,1920	0	231 Powell St.	Vancouver	BC	14	L
	Takahashi	Kikusuke	Minamikami	Kamo	Shizuoka	3	2nd. son	Yoshio	—	—	396 Powell St.	Vancouver	BC	26	R
							5th. daughter	Haruko	—	—					
							3rd. son	Jyouji	—	—					
	Takahashi	Magosa	Santou	Mikata	Fukui	1	1st. son	Hisao	Jun 15,1917	3		Ocean Falls	BC	142	
	Takahashi	Kouichi	Kyutoku	Inukami	Shiga	2	2nd. daughter	Yoshiko	Sep 28,1914	6		Britannia Beach	BC	191	
							1st. son	Kentarou	Mar 04,1917	3					
	Takahira	Toraichi	Oomura	Higashisonogi	Nagasaki	2	1st. daughter	Takiko	Dec 01,1918	2		Ocean Falls	BC	129	
							1st. son	Kenzou	Feb 15,1917	5					
	Takai	Shinkichi	Matsue	Kaisou	Wakayama	2	1st. son	Yukio	Mar 07,1917	3		Steveston	BC	115	L

	Famiry Name of Father	First Name of Father	Town and Village (Mura/Cyou)	County (Gun)・a Ward(Ku)	Prefecture (Ken)	Number Children	Family Relationship	First Name of Child	Birthday of Child	Age	Adress			Page	
							2nd. son	Nobuo	Oct 17,1919	1					
	Takishita	Tokujirou	Ashijiro	Kaho	Fukuoka	3	1st. daughter	Satsuko	Jul 27,1914	6		Port Haney	BC	162	L
							1st. son	Isamu	Sep 08,1918	2					
							2nd. daughter	Toshiko	Jun 10,1920	0					
	Tamemoto	Jyousuke	Megishima Shiyuujima	Kagawa	kagawa	3	2nd. daughter	Fumie	Nov 21,1915	5	P.O.Box164	Steveston	BC	120	
							1st. daughter	Shizuko	Nov 03,1909	11					
							1st. son	Tetsuo	Jul 09,1913	7					
	Tanaka	Saburou	Takamori	Kuga	Yamaguchi	1	1st. son	Sadao	Oct 30,1919	1	225 Main St.	Vancouver	BC	54	
	Tanoue	Jyuutarou	Oshimamachi	Houtaku	Kumamoto	1	1st. son	Shigeo	Apr 23,1909	11		Chemainus	BC	110	R
	Tateishi	Tomehiko	Ugui	Higashimuro	Wakayama	2	1st. son	Masahiko	Jan 18,1916	4		Royston	BC	104	
							2nd. son	Haruhiko	Feb 13,1918	2					
	Tatsumi	Seikichi	Kameyama	Inukami	Shiga	2	1st. daughter	Fusae	Apr 12,1918	2		Courtenay	BC	91	
							1st. son	Kiyoshi	Jul 10,1919	1					
	Teranishi	Cyounosuke	Mio	Hidaka	Wakayama	2	1st. daughter	Kikue	Nov 14,1915	5	P.O.Box438	Steveston	BC	121	
							1st. son	Minosuke	Dec 14,1917	3					
	Togawa	Inosuke	Hiizaki	Hidaka	Wakayama	4	1st. son	Torao	Feb 22,1914	6	472 E.Cordova St.	Vancouver	BC	36	
							2nd. son	Minoru	Jan 18,1915	5					
							1st. daughter	Hisako	Jul 22,1916	4					
							2nd. daughter	Haruno	Feb 22,1919	1					
	Tsuruoka	Masao	Nabe	Tamana	Kumamoto	1	1st. daughter	Hideko	Feb 02,1918	2	No.5	Cumberland	BC	67	R
	Tuchida	Kajirou	Taga	Inuyama	Shiga	3	1st. son	Toshio	Dec 18,1914	6	620 Alexander St.	Vancouver	BC	56	R
							1st. daughter	Masako	Jan 23,1917	3					
							2nd. daughter	Haruko	Feb 27,1919	1					
	Turudome	Shizuo	Ciran	Kawanabe	Kagoshima	1	1st. son	Saneaki	Dec 12,1918	2		Ocean Falls	BC	132	
U	Uchiyama	Kenroku	Shiida	Chikujyou	Fukuoka	1	1st. daughter	Ritsuko	Mar 20,1912	8		Royston	BC	71	
	Uda	Iku	Minaminakamura	Kamo	Shizuoka	1	1st. daughter	Yukiko	Jan 04,1920	0	P.O.Box185	Steveston	BC	124	L
	Uemura	Ichijirou	Minaki	Asakura	Fukuoka	1	1st. daughter	Chizuko	Sep 06,1919	1	P.O.Box61	Mission	BC	152	R
	Ueno	Riichi	Misonou	Kamo	Hiroshima	1	1st. daughter	Hatumi	—	—	582 Powell St.	Vancouver	BC	57	L
	Uno	Tokuuemon	Hatakawa	Echi	Shiga	1	1st. son	Shigeo	Apr 08,1919	1	No.7	Cumberland	BC	87	L
	Utsunomiya	Fujitarou	Yokobayashi	Higashiuwajima	Ehime	2	4th. son	Tamotsu	Jan 09,1919	1		Ocean Falls	BC	135	L
							2nd. daughter	Toshiko	Oct 14,1916	4				135	R
	Utsunomiya	Emikichi	Yokobayashi	Higashiuwajima	Ehime	2	1st. son	Isamu	Aug 16,1920	0		Ocean Falls	BC	141	
							1st. daughter	Teruko	Feb 09,1919	1					
W	Wakano	Cyounosuke	Matsubara	Hidaka	Wakayama	1	1st. daughter	Sayoko	Jan 01,1910	11	362 Alexander St.	Vancouver	BC	21	
	Watanabe	Uhei	Iwagasaki	Kurihara	Miyagi	2	1st. son	Uichi	Mar 18,1917	3		Fraser Mills	BC	59	
							1st. daughter	Tuya	Mar 30,1915	5					
	Watanabe	Isotarou	Yamada	Ashigarakami	Kanagawa	3	1st. son	Takeshi	Apr 24,1917	3		Cumberland	BC	63	
							2nd. daughter	Gin	Apr 20,1920	0					
							1st. daughter	Nachi	Jul 10,1918	2					
Y	Yaguchi	Cyuuichi	Mizuuchi	Saeki	Hiroshima	3	1st. son	Shigeru	May ,1914	6		Courtenay	BC	103	
							1st. daughter	Tsuyuko	Sep ,1916	4					
							2nd. daughter	Mitsuko	Jan ,1918	2					

Famiry Name of Father	First Name of Father	Town and Village (Mura/Cyou)	County (Gun)・a Ward(Ku)	Prefecture (Ken)	Number Children	Family Relationship	First Name of Child	Birthday of Child	Age	Adress			Page	
Yamagami	Miyozou	Yoshidajima	Ashigarakami	Kanagawa	3	2nd. son	Kizaburou	Jan 25,1915	5		Britannia Beach	BC	181	L
						3rd. son	Kiyoshi	Nov 12,1917	3					
						4th. son	Yoshio	Sep 21,1920	0					
Yamamoto	Ichiro	Shinmachi	Sado	Niigata	2	1st. son	Riichiou	Nov 07,1914	6	2467 W.3rd Ave.	Vancouver	BC	2	
						1st. daughter	Setuko	Oct 02,1913	7					
Yamamoto	Toraichi	Hiki	Nishimuo	Wakayama	1	1st. daughter	Emiko	Jun 17,1920	0	Vancouver Cannary	Eburne	BC	30	L
Yamamoto	Teizou	Takema	Kamoto	Kumamoto	1	1st. daughter	Michiko	Sep 09,1918	2	No.7	Cumberland	BC	100	R
Yamamoto	Uhei	Naregawa	Kamimashiki	Kumamoto	7	1st. daughter	Hatsuko	Jan 31,1907	13		Port Hammond	BC	182	
						2nd. daughter	Chiyoko	Oct 04,1908	12					
						3rd. daughter	Shizue	Apr 07,1910	10					
						4th. daughter	Fumiko	Aug ,1912	8					
						1st. son	Masami	Jun 12,1914	6					
						5th. daughter	Toyoko	Sep 24,1916	4					
						2nd. son	Kiyoshi	Apr 12,1919	1					
Yamano	Kouhei	Tsumori	Kamimashiki	Kumamoto	2	2nd. daughter	Fusae	Jan 16,1914	6		Ocean Falls	BC	134	L
						1st. son	Mitsuki	Jan 20,1905	15				134	R
Yamaoka	Shigeichi	Mineta	Hiba	Hiroshima	1	1st. son	Shigeyuki	Apr 11,1920	0		Ocean Falls	BC	131	
Yamasaki	Yoshizou	Tsuiki	Chikujyou	Fukuoka	2	1st. son	Yasushi	Dec 16,19	—	No.1	Cumberland	BC	99	
						1st. daughter	Hatsue	Oct 05,1918	2					
Yamazaki	Tou	Kitahodaka	Minamiazumi	Nagano	4	1st. son	Takashi	May 05,1914	6		Port Haney	BC	169	
						1st. daughter	Masako	May 15,1915	5					
						2nd. son	Tokuichi	May 15,1918	2					
						3rd. son	Takaaki	Aug 20,1920	0					
Yano	Kiyoshi	Hizuchi	Nishiuwa	Ehime	2	1st. daughter	Tomi	Aug 12,1917	3	9 Cordova St.	Vancouver	BC	15	L
						2nd. daughter	Omie	Jun 24,1919	1					
Yano	Kenichi	Onoichi	Oono	Ooita	1	1st. daughter	Toyoko	Nov 15,1919	1		Cumberland	BC	84	
Yonemura	Ippei	Oono	Tamana	Kumamoto	4	1st. daughter	Hanae	—	—	No.5	Cumberland	BC	98	
						2nd. daughter	Kazue	—	—					
						3rd. daughter	Midori	—	—					
						4th. son	Kaoru	—	—					
Yoneyama	Rikizou	Yoshidajima	Ashigarakami	Kanagawa	3	1st. daughter	Setsuko	Jul 20,1915	5		Port Haney	BC	178	R
						2nd. daughter	Yachiyo	Mar 23,1917	3					
						3rd. daughter	Mitsue	Nov 11,1919	1					
Yoshihara	Hassaku	Onomichi	Mitsugi	Hiroshima	1	1st. daughter	Naoe	Jun 22,1920	0		Ocean Falls	BC	144	L
Yoshiki	Tokusuke	Tabuse	Kumage	Yamaguchi	3	1st. son	Hiroshi	Feb 15,1913	7		Ladysmith	BC	178	L
						1st. daughter	Aiko	May 09,1915	5					
						2nd. son	Tadayoshi	Aug 20,1917	3					

※ Names are listed in alphabetical order to generalize.

子供たちとの出会い
―おわりにかえて―

河原典史

初めてカナダ・バンクーバーを訪問したのは、二〇〇一（平成一三）年のことです。当時三歳だった娘は今では大学生、最初の誕生日も迎えていなかった息子は高校生になりました。現地では、いつも私と妻は子供たちにカメラを向けていました。幼くて「記憶」に残らないであろう二人に、カナダで過ごした楽しい想い出の「記録」を残すために。本書に収められた子供たちの写真は、その多くが専門の写真家に撮影されたものです。しかし、その現場にいたに違いない父母の気持ちは、およそ一〇〇年後の私たち夫婦ときっと同じだったのでしょう。

二〇〇八（平成二〇）年、二度目の学外研究で、私は単身バンクーバーに滞在しました。前回と違って家族と離れて過ごす私の楽しみは、時々電子メールに添付されてくる子供たちの写真や動画でした。瞬時に届く電子メールですら待ち遠しかった私ですから、当時の家族はどのような気持ちで写真を待っていたのでしょうか。日本の祖父母は遠く離れたカナダから孫の写真が届くことを、まさに一日千秋の思いで待っていたにちがいありません。今回、本書の編集にあたって、幼い子供たちと海外生活を経験し、その一方で単身でも海外生活を送っていた私は、いつも自らの経験を重ねていました。

二〇〇一年、カナダで生活する私に立命館大学文学部の彦坂佳宣先生（現・名誉教授）は、カナダから一時帰国されていた新納基久氏をご紹介下さいました。一九七五（昭和五〇）年にカナダへ移住した新納氏は、クリーニング店を営むかたわら、バンクーバー日本語学校で要職を務め、日本人移民史研究者に惜しみないアドバイスをしていました。孫と同じような年齢の娘も「お髭のお爺ちゃん」と親しみを込めて呼び、私たち家族は新納家と仲良くさせていただきました。そのご縁から、やがて私は日本語学校の方々と親しくさせていただき、新納氏の講じる古典講座にゲスト講師として招かれたりしました。しかし、残念ながら二〇〇八年に新納氏は天に召されました。バンクーバーでの家族生活とカナダ日本人移民史研究のスタートを切るにあたってご厚情いただいた新納氏の御霊前に、謹んで本書を捧げます。

二〇〇三（平成一五）年以降、毎年バンクーバー日本語学校を訪問する私に、校長の本間真理先生や内藤邦彦先生をはじめとする教職員の方々は、私の拙い研究に様々なアドバイスをしてくださいました。そのようななか、元理事長の八木・リチャード・慶男様からバンクーバー島中部にあるカンバーランド日系墓地に関する調査を依頼されました。第Ⅱ部でも論じたように、この日系人墓地を保全してきた元・カンバーランド村長のウィリアム・モンクリフ氏が、二〇一一（平成二三）年に日本から旭日双光章を叙勲されたことを契機に、そこに眠る日本人の調査を行うことになったのです。

現在、カンバーランド日系人墓地には約六〇体の墓石が建立されています。これらは一九六七（昭和四二）年にトロントの日系人有志が整備したもので、埋葬時の墓石が失われたため、新しいものに代わっている場合も少なくありません。二〇一一年八月二四日、バンクーバー日本語学校の教職員やボランティアの方々と私は、墓石に刻まれた碑名の悉皆調査をしました。約一〇名が参加した樹々に囲まれた日系人墓地での調査は、まるでピクニックのような楽しい想い出です。この調査をまとめるなか、日本語学校の校舎改修時に『東宮殿下御渡欧記念 金田之栄―邦人児童写真帖―』が発見されたのです。ほとんど使用された形跡のないこの写真帖が、どのような経過で日本語学校にあるのかは不明でした。若干の分析を試みた私は、その一部を福井県美浜町の『広報みはま』に寄稿しました（「カナダに眠る美浜のひと」、広報みはま四九〇、二〇一二）。カンバーランド日系墓地に美浜町日向《ひるが》出身者が眠っていたからです。そして、より多くの人びとにこの墓地で眠る日本人移民のことを知ってもらうために、日本人移民の子供たちが写るこの写真帖の復刻を考えました。とくに、一世の出身地や二世の様子を英語で知らせることによって、カナダ在住のご子孫や関係者にご自身の「ふるさと」を知って欲しかったからです。

ところが、その後の改修時の混乱によって、そのオリジナルは紛失されてしまいました。しかし、関係者のご尽力で、同種の写真帖がバンクーバーに隣接するバーナービーにあるNIKKEI NATIONAL MUSEUM & CULTURAL CENTRE（全日系カナダ博物館）に現存していることがわかりました。そこで日本語新聞『大陸日報』について私が共同でアーカイブを継続的に分析していることもあり、University of British Columbia（ブリティッシュ・コロンビア大学）でスキャニングを依頼しました。

それに先立って、表紙や序文など数枚の写真を撮った私は、カンバーランド日系人墓地の悉皆調査で注目した熊本県出身者の考察を試みました。そのなかで熊本県、特に玉名郡からの出身者が多いことを知った私は、現地の郷土研究会に問い合わせをしました。そこで、玉名歴史研究会の西田道世様に出会ったのです。写真帖に写る玉名の子供たちを探すものの、彼らの発見は芳しくありませんでした。そこで西田様と相談し、カンバーランド日系人墓地に眠る玉名の人びとについては『熊本日々新聞』から取材を受けるとともに、写真帖に写る玉名の子供たちについて郷土誌に寄稿（「『東宮殿下御渡欧記念帖―金田之栄』に写る玉名の子供たち―第二次大戦前におけるカナダ移民の一断面―」、歴史玉名六〇、二〇一二）して、関係者を探すことを試みました。幸いにも、『熊本日日新聞』をご覧になった髙木里美様から、叔父の角口泰一郎氏がカンバーランド日本人移民団の団長であること、移住時の手記が残っていることなどを教えていただきました。改めて、髙木様にそれの閲覧や角口家の移住に関わるエピソードなどをインタビューさせていただきました。そして、バンクーバー日本領事館やバンクーバー日本語学校の関係者とともに、髙木様とカンバーランドを訪問する計画が持ち上がりました。それは、二〇一五（平成一七）年八月に実現したのです。

関西国際空港で待ち合わせをし、バンクーバーに渡った私たちは八月二六日にカンバーランドに到着しました。ウィリアム・モンクリフ元村長や、博物館学芸員の方々に迎えられた私たちは日系人墓地、そして二ヶ所の日本人居住区跡も訪問しました。その一ヶ所は整備され、住居跡には桜が植樹されていました。もう一ヶ所ではほとんどの家屋が現存し、なかには現在でも住居として利用されているものもありました。私たちの訪問に気づき、顔を出してくれる人もあり、暖かく私たちを迎えてくれたのです。角口一家が住んでいた家屋は残っていなかったものの、叔父たちの第二のふるさとを訪れた髙木様の感激はひとしおでありました。写真帖に収められた三九家族・九四人の子供たちが、およそ一〇〇年前に生活していた場所を、彼らの子孫と共に訪問する機会を共有できた感動を、私も噛みしめていました。

このような経緯から、写真帖の復刻と解題からなる本書が出版されました。なによりも本書の冒頭に、写真帖（139頁）に収められた角口泰一郎氏の姪にあたる髙木様、そしてこの写真帖との縁を作っていただいたバンクーバー日本語学校の内藤邦彦先生から一文を寄せていただけたのは、望外の幸せです。そして、写真帖の借用をお許しいただいたリンダ・川口・リード氏をはじめとする全日系カナダ博物館のみなさま、そのスキャニングをお願いしたシリン・シェリンギ氏をはじめとするブリティッシュ・コロンビア大学のみなさまに感謝します。そして、バンクーバー日本領事館、カンバーランド博物館などをはじめ、カナダ各地でお世話になったすべての方々へお礼申し上げます。

日本では立命館大学、日本移民学会やマイグレーション研究会のみなさまなどからご教示を賜りました。地図の作成にあたっては愛知大学の飯塚隆藤先生、資料整理には木村恵理子様と檜皮奈菜様、および立命館大学学生の橋本佳奈さんにお世話になりました。末尾ながら、ここに記してお礼申し上げます。

最後になりましたが、本書は立命館大学国際言語文化研究所の二〇一五年度研究推進プログラム「戦前のカナダ日本人移民における二世の継承性に関する歴史地理学研究」（代表・河原典史）の助成を経て、同研究所二〇一六年度出版助成金を活用させていただきました。本書は、同じ助成によって二〇一三年に出版された『カナダ日本人漁業移民―前川家「古写真」コレクション―』の姉妹編にあたります。前著に続いて出版をお引き受けいただいた、三人社の越水治様に深謝いたします。

成長した二人の子供たちをみつめながら……

二〇一七年一月

編者略歴

河原典史（かわはら のりふみ）

1963年大阪府東大阪市生まれ。

立命館大学大学院文学研究科博士後期課程地理学専攻単位取得退学。

立命館大学文学部教授。専門は歴史地理学・近代漁業移民史。

著書に、

『日系人の経験と国際移動—在外日本人・移民の近現代史—』（米山裕と共編著、人文書院、2007年）

『カナダ日本人漁業移民の見た風景—前川家「古写真」コレクション—』（編著、三人社、2013年）

『日本人の国際移動と太平洋世界—日系移民の近現代史—』（米山裕と共編著、文理閣、2015年）

『メディア—移民をつなぐ、移民がつなぐ—』（日比嘉高と共編著、クロスカルチャー出版、2016年）

などがある。

Treasure in Canada: Kanada no Sakae

カナダ日本人移民の子供たち

—東宮殿下御渡欧記念・邦人児童写真帖—

2017年2月28日　初版第1刷　発行

編　者	河原典史
発行者	越水　治
発行所	株式会社三人社 京都市左京区吉田二本松町4 白亜荘 電話 075（762）0368
組版・装幀	杉本昭生
印刷・製本	亜細亜印刷株式会社

© 2017 KAWAHARA Norifumi

Printed in Japan

ISBN978-4-908976-29-2 C3021

乱丁・落丁はお取替えいたします。